個人が企業を強くする

「エクセレント・パーソン」になるための働き方

大前研一
Kenichi Ohmae

小学館

個人が企業を強くする

――「エクセレント・パーソン」になるための働き方

大前研一

個人が企業を強くする　目次

はじめに――もはや「エクセレント・カンパニー」は生まれない

一度も企業を経営したことがなく、今のビジネス現場も知らない政治家や官僚が、経営者の頭越しに〝上から目線〟で従業員の働き方をこと細かく指図する――安倍政権の「働き方改革」は、その出発点からして間違っている。

次々に打ち出されるスローガンを並べてみても、そのちぐはぐさには失笑を禁じ得ない。

◆同一労働同一賃金　↓ボーダレス経済では雇用が海外に流出。賃下げ圧力になる
◆生産性革命　↓ホワイトカラーの失業につながる。「人づくり革命」とも両立しない
◆正規社員化の推進　↓雇用が膠着化して生産性が下がり、人手不足も解消されない
◆残業上限60時間　↓残業代が減る分、総額で8・5兆円の所得減＝賃下げとなる
◆外国人労働者制限　↓人手不足は解消されず、賃上げにもつながらない
◆教育無償化・給付型奨学金の推進　↓能力の低い人材を量産し、生産性も低下する

よくもまあ、これだけ矛盾だらけの政策を思いつけるものだと感心させられるが、そもそも安倍政権の経済政策「アベノミクス」自体、失敗のオンパレードだ。20世紀の経済学に基づく古い政策の数々を「3本の矢」「新・3本の矢」などと名付け、文字どおり矢継ぎ早に打ち出したはいいが、ことごとく的を外し、一矢報いることすらできないまま、弓折れ矢尽きようとしている。その〝惨状〟は、21世紀における経済政策の「失敗の研究」として、経済学の教科書の格好のケーススタディになるだろう。

これまで私が著書などで何度も指摘してきたように、アベノミクスによる経済浮揚効果は、ほとんどゼロと言ってよい。金利やマネタリーベースを使った20世紀の古い経済手法をベースにしているからだ。人々が高い希望と欲望を持っていた時代と違って、21世紀の日本は人々が驚くほど〝低欲望〟になっている。お金をいくらジャブジャブにしても、金利を下げても、「要らないものは要らない」と買う気を全く示さない。需要につながらない無駄な政策のオンパレードがアベクロ・バズーカなのである。安倍晋三首相は「アベノミクスによって雇用が生まれた」と胸を張り、失業率が下がったとか、有効求人倍率が上がったとか強調しきりだが、労働力人口が増えたのは、主に非正規社員や65歳以上の高齢者雇用によるものだ。その影響を差し引けば、人口が減少する中で雇用の流動化が進まず、多くの産業では人手不足になっているのだから、雇用統計の数字が良くなるのは当たり前である。

ことほどさように、アベノミクスの成果に関する安倍首相の主張は、すべて詭弁《きべん》であり、捏造《ねつぞう》である。耳触りのいいスローガンや景気の良さそうな演説に騙されてはいけない。いま日本で進行しているのは、ただ「皆が等しく貧乏になっていく」現実なのだ。

天は自ら助《たす》くる者を助く。〝茹でガエル〟になりたくなければ、「井の中」を出て「大海」を知らなくてはならない。アベノミクスを標榜する安倍首相の続投により、今後も日本経済はどんどん悪化し、ますます日本人の生活は苦しくなるだろう。そういう国で働く者がまずやるべきことは、もっと世界に目を向けて、仕事や給料や働き方について彼我《ひが》の差を直視することだと思う。

本書は、そうした危機感を持つビジネスパーソンのために書かれたものである。

競争のルールが一変した

かつて、「エクセレント・カンパニー」というものが大いにもてはやされた時代があった。私のマッキンゼー時代の同僚であるトム・ピーターズとロバート・ウォータマンが1982年にアメリカで上梓した『エクセレント・カンパニー』（原題は《IN SEARCH OF EXCELLENCE》／邦訳は英治出版）が、日本を含む世界各国でベストセラーになったのである。

同書では、IBMやジョンソン&ジョンソン、マクドナルド、P&G、スリーエム、ウォルト・ディズニーなど、各方面で好業績を上げているアメリカの大企業を調査し、革新的な超優良企業＝エクセレント・カンパニーと呼ぶべき会社の条件を分析・解説している。「行動の重視」「顧客に密着する」「自主性と企業家精神」「ひとを通じての生産性向上」などの八つの特徴によって定義づけられたそれらのエクセレント・カンパニーの多くは、今もなお世界的な大企業として君臨し続けている。その意味では、今から40年近く前になされたピーターズとウォータマンの企業分析は的を射ていたと言えるだろう。実際、旺盛な実験精神や顧客重視、社員の自主性の尊重など、今でも通用する普遍性のある指摘も少なくない。

それでも、彼らがエクセレント・カンパニーの条件を探っていた１９８０年代は、まだテクノロジーの連続性や経験の蓄積、あるいは規模の経済といったものが通用した時代だった。その流れの中では、従来のビジネスの延長線上で商品やサービスを磨いていく「Do More Better」の仕事が求められた。とりわけ日本企業は、この「Do More Better」を得意とし、欧米企業に追いつき追い越せでやってきた。「ジャパン・アズ・ナンバーワン」とか「21世紀は日本の世紀」などともてはやされたのもこの時期だった。

しかし、21世紀を待たずして始まったデジタル革命により、競争のルールが一変する。先行者利益や過剰な高品質よりも、「スケール」と「スピード」が勝負を決める鍵となった。そのため、それまで「エクセレント」とされた技術や商品や品質に企業が固執すればするほど、新しい変化に対応できなくなってしまったのである。かつて世界中から称賛された日本の超優良企業が業績悪化に苦しみ、以前なら考えられなかったような不祥事や劣化を引き起こしているのを見ても、そのことは実感できるだろう。

「エクセレント・パーソン」の時代

もはやピーターズとウォータマンが想定していたようなエクセレント・カンパニーの条件は、それだけでは存立できなくなっている。これまで看板商品を開発してきたのと同じ社員が、「Do More Better」の発想でそれを改良したり微調整したりしていたのではダメなのだ。21世紀は、自分の会社が持っている才能や能力、技術力以上のものを〝会社の外〟から引っ張ってくることが必要なのである。

たとえば、いち早くデジタル革命の洗礼を受けたＩＢＭは、２００４年にパソコン事業を中国のレノボ・グループ（聯想集団）に売却し、代わりにソリューション事業中心へと舵を切った。日本のメーカーが、それから何年も経ってようやくパソコン事業に見切りをつけたことに比べれば、その先見の明は言うまでもない。だが結局、そのＩＢＭにしても、単にパソコンだけにとどまらず、サーバーなどを含めたハードウェア事業そのものが儲からなくなってしまったのである。

それに代わる解決策（ソリューション）は、すべて「クラウド」の中にあった。インターネットを活用したクラウド（cloud）コンピューティングや、クラウド（crowd）ソーシングの世界では、〝自分の会社の社員ではない人〟が〝自分が今いる会社とは違う場所〟で答えを見つけてくれるのだ。となれば、何億円とか何十億円もかけてＩＢＭにシステム開発やビッグデータ解析をしてもらう必要もなくなる。それらは、イージーオーダーでより安価なサービスを受けることができるようになっている。

さらに注目すべきは、デジタル革命以後は、蓄積や経験というものはすぐにキャッチアップでき、その差を容易にひっくり返せるということである。ひょっとしたら、プログラミングの得意な一人の高校生が、誰も思いつかなかったソリューションを見つけてくれる可能性だってあるのだ。かつて巨大企業が大量のマンパワーと先進技術と大資本を注ぎ込んでようやく実現していたようなソリューションを、今なら「たった一人の傑出した人間」がやってのけるかもしれない。組織や技術や資本よりも、「個人」のほうがより強力にレバレッジを効かせる（＝小さな力で大きな影響力を発揮する）こと、たった一人でも「ブレークスルー」することができる時代なのだ。それを象徴的に表現するなら、「エクセレント・カンパニー」の時代から「エクセレント・パーソン」の時代になった、ということである。

21世紀は「人！人！人！」

そのような現状分析から導き出される結論の一つは、21世紀は世界的な人材競争がますます激しくなるだろうということである。しかも、その競争においては、名刺も肩書も関係ない。どんな能力を持っているのか、求められる以上の成果を残せるか否かが問われる。

さらにこれからは、ＡＩ（人工知能）やＩｏＴ（モノのインターネット）がビジネスの現場に浸透していき、従来ある仕事の多くはAIやロボットに代替されていく。その中で、問題を解決できる〝余人をもって代えがたい〟人材とつながって、どれほど多く味方につけられるか？　彼らの能力をいかに引き出し、AIにもロボットにもできない成果を上げられるかどうか？　それが、企業の盛衰に直結するようになるだろう。

その意味で、かつて拙著『低欲望社会』（小学館）で書いた次のような指摘は、今後ますます重要になってくると思われる。

〈20世紀の企業にとって成功の鍵は「人、モノ、カネ」だった。今は、モノもカネもあふれていて、特許などもカネ次第で使わせてもらえる。そんな21世紀における事業成功の鍵は、「人、人、人」である。〉

企業から引く手あまたの人材になれば、給料だってもちろん上がるだろう。世界標準の働き方を身につけた人は、ボーダレスに「いつでも、どこでも、誰とでも」つながる仕事で最大限能力を発揮できるはずだ。「人！人！人！」の21世紀は、それが常識なのである。

本書を読んで、一人でも多くの読者が、そんな「エクセレント・パーソン」を目指してくれたら、著者としてこれほど嬉しいことはない。

２０１８年２月
大前研一

第1章

君たちはどう働くか

——間違いだらけの「働き方改革」

給料が上がらない唯一の国

「今世紀に入って最も高い水準の賃上げを実現している」

安倍晋三首相は、ことあるごとにアベノミクスの成果をこう喧伝《けんでん》してきた。

そこだけ切り取れば、あたかも大きな経済効果があったかのような印象を受けるだろう。だが、現実に国民が「最も高い水準の賃上げ」の恩恵に浴しているのかと問われれば、ほとんどの人がとても同意できないと答えるはずだ。そして、その感覚は正しい。

実際、日本人の名目賃金は過去20年間にわたってほとんど上がっていない（図表1を参照）。ＯＥＣＤ（経済協力開発機構）35か国の中でも、中位以下の19位まで下がっている（２０１６年／23ページ図表４）。近年は下げ止まる傾向にあると言われているものの、この20年間に各国が軒並み大幅に上昇しているのに対し、ただ1国、日本だけがマイナスなのである。初任給も平均20万円ほどのままで変わらず、欧米先進国に比べて大幅に低くなっている。

もし安倍首相が賃上げの成果を自慢したいのなら、アメリカやＥＵで給料が2倍近く増えているのとは対照的な、そうした日本の深刻な実態くらい調べてから口を開くべきだ。

いくら安倍首相が経団連などに賃上げを要請しても、企業は面従腹背でほとんど給料を引き上げていないし、正規雇用の人たちの給料を少しぐらい上げてみたところで、膨大な数の非正規雇用の人たちがいるため、アベレージでは下がってしまうのである。

図表1 先進国では日本のみが賃金の低下を招いている

名目賃金の推移（1995−2016年/1995年=100として指数化）

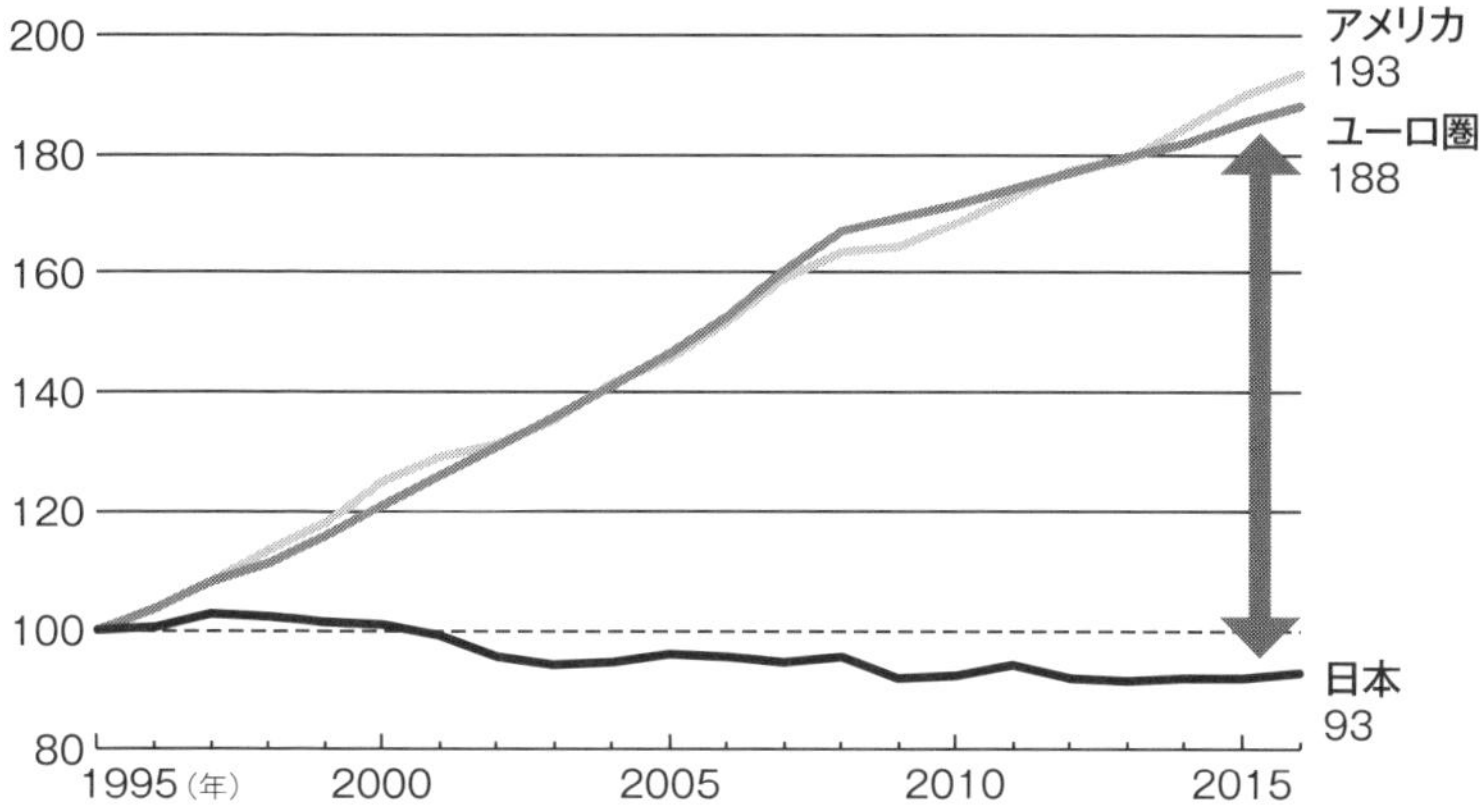

資料:OECD.Statより作成　©BBT大学総合研究所

平均月収の国際比較

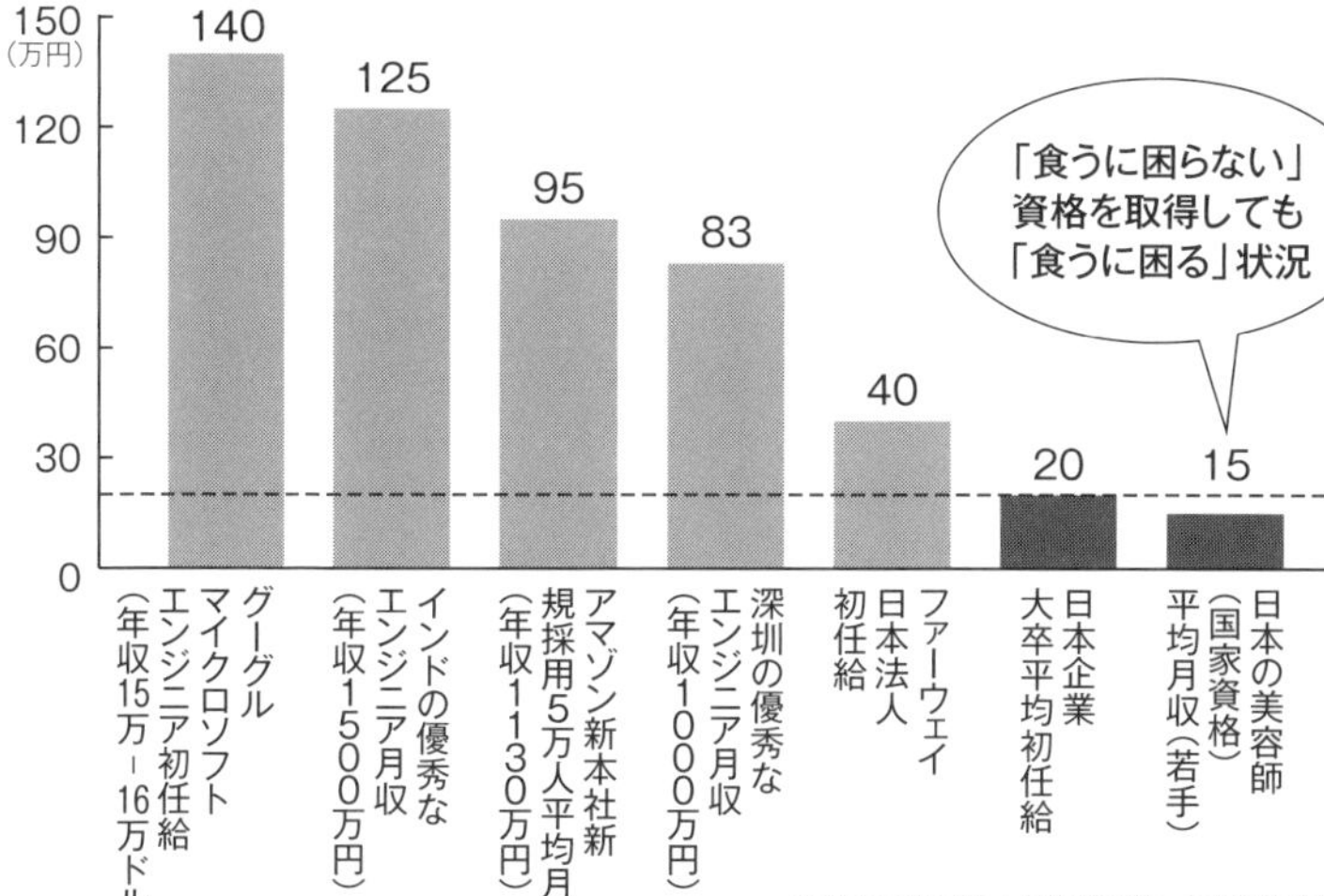

資料:OECD.Stat、厚生労働省、各種記事より作成
©BBT大学総合研究所

統計上だけの話ではない。ヘアメイク専門店の経営者の話では、国家資格が必要な美容師でも月給は平均12万〜15万円程度だという。同じく国家資格が必要な保育士や介護福祉士も、低賃金のため半数は就業していない。有資格者が就業しないから、人手不足が深刻化している。「食うに困らないため」に資格を取得したはずなのに「食うにも困る」のが、今の日本の現実なのだ。

「貯蓄率」も群を抜いて低い

日本人の生活の厳しさを示す指標はまだある。

家計貯蓄率（家計の可処分所得に対する貯蓄の割合）の国際比較を見ると、１９７０年代に20％以上と先進国の中でもトップクラスだった日本の家計貯蓄率は、年を追うごとに下がって、２０１３〜14年にはマイナスに落ち込み、先進国の中では群を抜く低さとなっている（図表２）。20年前と比較した家計金融資産の伸び率も、日本はアメリカやイギリスの半分程度にすぎない。

これは、年金収入だけに頼っている老年人口比率が増加している影響などと説明されているが、家計貯蓄率がマイナスということは、所得以上のお金を消費に注ぎ込んでいる状態を示している。給料が上がらず、年金も減っているのだから、それも当然の結果と言えるだろう。長引くデフレの中で節約や倹約を続けながらも、貯蓄を切り崩して何とか今の生活水準

図表2 家計貯蓄率も日本の低下が顕著

家計貯蓄率の国際比較（1991－2016年）

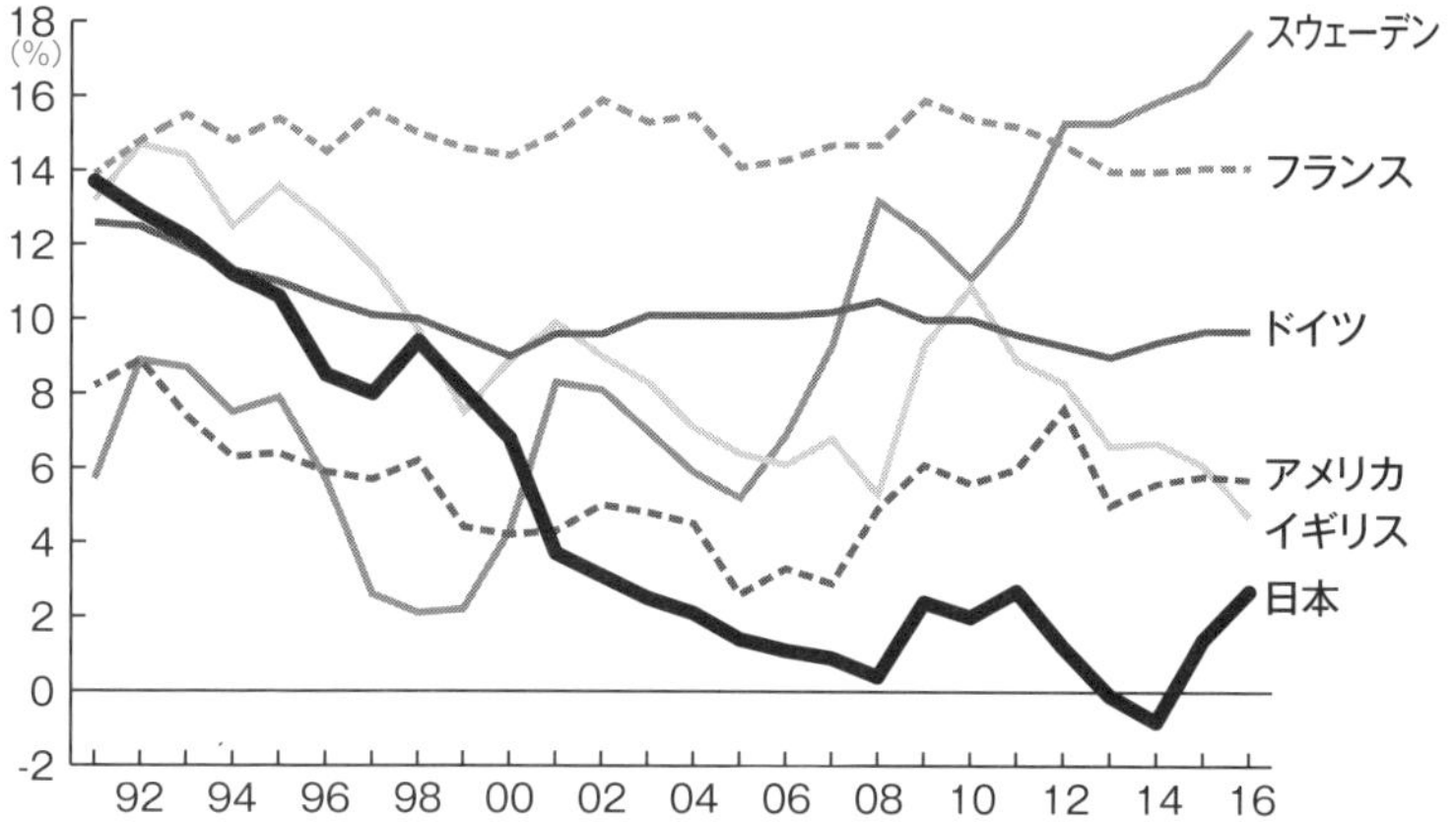

資料:OECD.Stat　※イギリスとフランスはグロスの家計貯蓄率、その他はネットの家計貯蓄率

各国の家計金融資産の伸び率（1995年＝1として指数化/2015年度末）

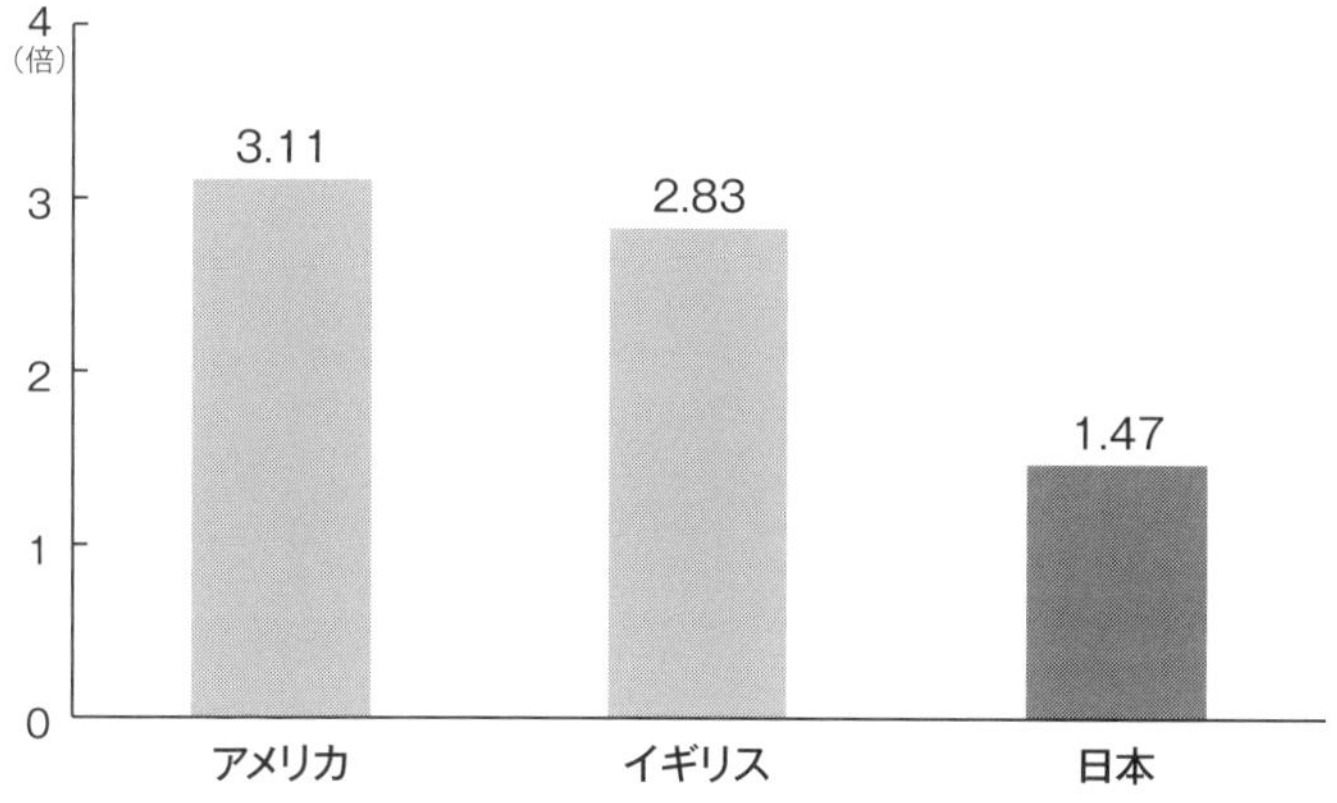

©BBT大学総合研究所

を維持しようと苦労している家計の実情が浮かび上がってくる。

「26年ぶりの株高」は官製相場

さらに言えば、安倍首相はアベノミクスの成果をアピールするために、民主党政権時代に8000円台だった株価が2倍以上に上がったことを繰り返し強調している。たしかに日経平均株価が歴代最長の16連騰を記録したり、バブル崩壊後26年ぶりに最高値を突破したりと株高が続き、2018年は3万円台が視野に入るとの見方もある。

しかし、株価もまた、世界の中で日本だけがこの四半世紀もの間、低迷を続けているのだ(図表3)。26年ぶりの最高値更新ということは、26年かけてようやく元の水準に戻ったとも言える。その間に、各国では株価が何倍にも上がっているのだから、やはり日本だけが世界の趨勢《すうせい》から取り残されているのである。2017年に市場を沸かせた株高も日本だけの話ではなく、世界的に見れば平均的なレベルだった。

そもそも、株価は「企業の将来収益の現在価値」である。たしかに18年3月期の日本企業は好決算の予想が相次いでいるが、今後も株価が上がり続けるほどの将来性があるかと言えば、大きな疑問符を付けざるを得ない。

実際、各所で報じられているように、現在の日本の株高は政府のPKO(株価維持策)による人為的なものであり、異常な「官製相場」である。日本銀行のETF(上場投資信託)

図表3 日本の株価は世界から取り残されている

世界の株価指数の推移（1991年末＝100として指数化）

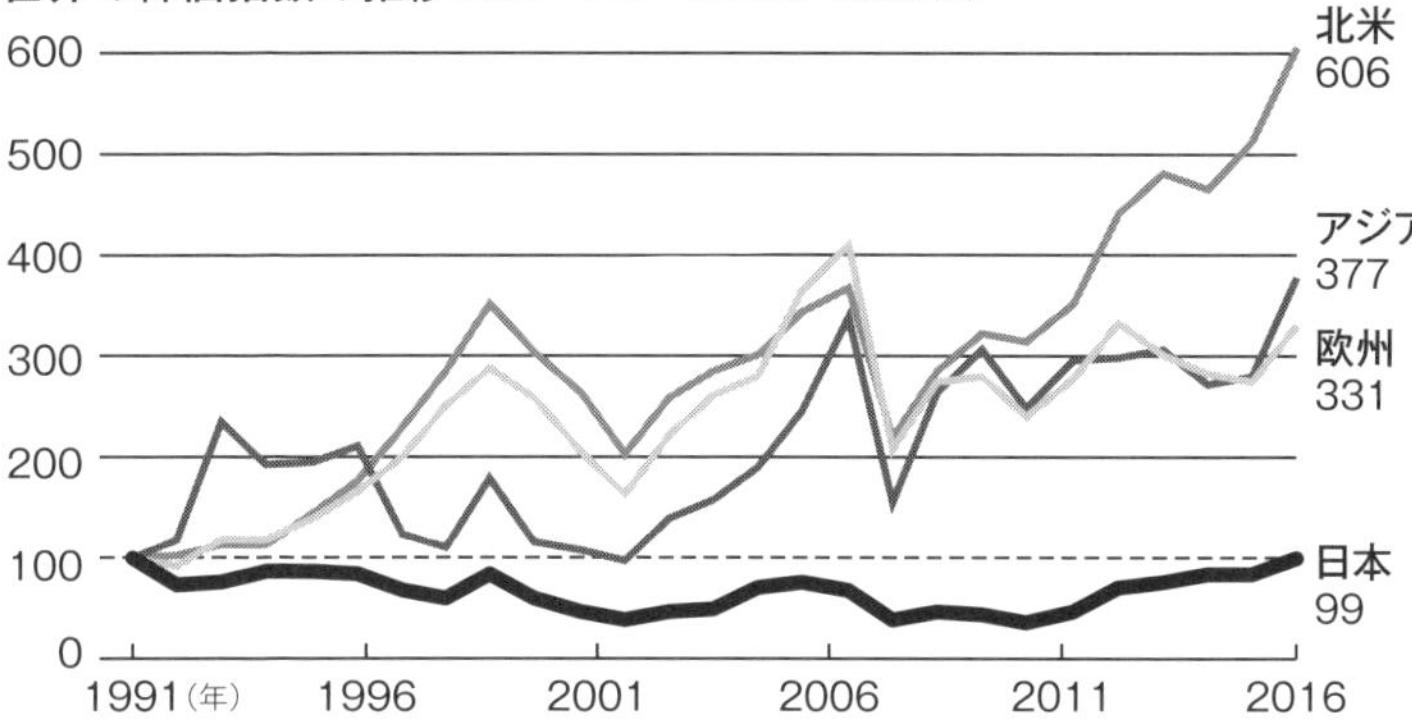

※MSCIによる北米株、アジア株（日本を除く）。欧州株の指数。日本は日経平均　©BBT大学総合研究所
資料:MSCI、日本経済新聞社より作成

主な株式指標の騰落率 ～好調だった2017年も世界的に見ればほぼ平均並み～

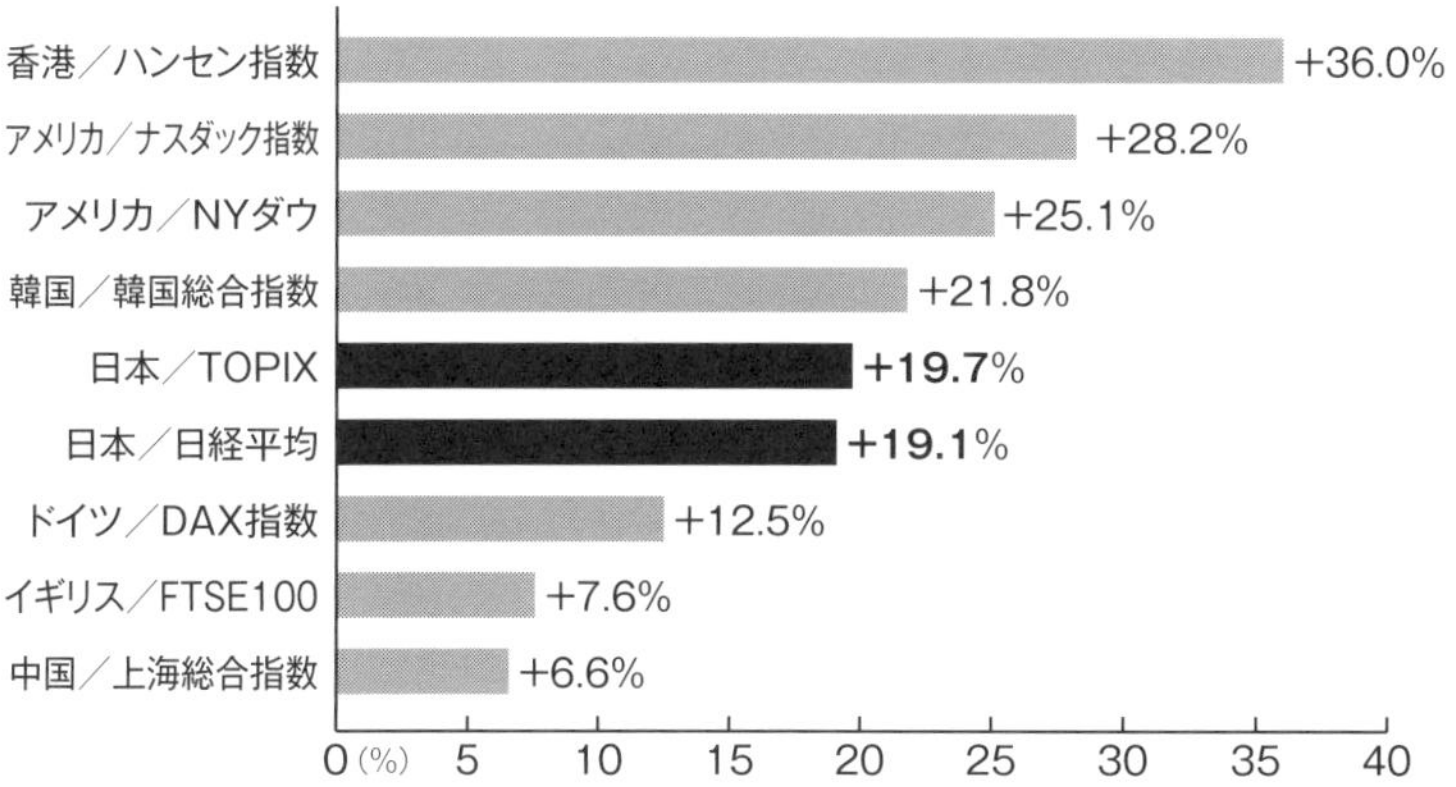

※年末終値同士の比較　Yahoo!ファイナンス2018年１月９日付記事より編集部作成

の保有残高は17年10月に20兆円を突破した。日銀とＧＰＩＦ（年金積立金管理運用独立行政法人）が保有する株式は同年3月末時点の時価ベースで50兆円を超え、東証一部上場企業の3割以上で「公的マネー」が筆頭株主になっているのだ。そこまでやって、ようやく「26年ぶり」の水準に戻ったわけで、今の状況を諸手を上げて喜んでいる場合ではないのである。

一人一人に問われる「どう働くか」

このように、世界と比べてみれば〝日本一人負け〟の現実がよくわかると思う。そしてそれは、日本人の労働生産性の低さともつながっている（図表4）。

もともと資源の乏しい我が国は、富国強兵・殖産興業をスローガンに近代国家を立ち上げ、戦後は加工貿易立国の看板を掲げて高い付加価値を加えることで世界第二の経済大国になった。しかし、その成功体験にこだわって、デジタル革命の波に乗り遅れた日本人は、もはや高い付加価値を支えるだけの生産性を失い、日本経済はバブル崩壊と相まって長期衰退に向けた坂を下りだした。

にもかかわらず、明治以来の中央集権体制に慣れ切った人々は、「お上」への依存体質を引きずったまま、構造改革やパラダイム転換への取り組みをサボタージュしてきた。その結果が、この〝日本一人負け〟なのだと言ってよい。

それらのシビアな現実を踏まえて、いま多くの日本企業では、人材戦略の練り直しを迫ら

図表4 賃金・生産性とも日本は「中の下」

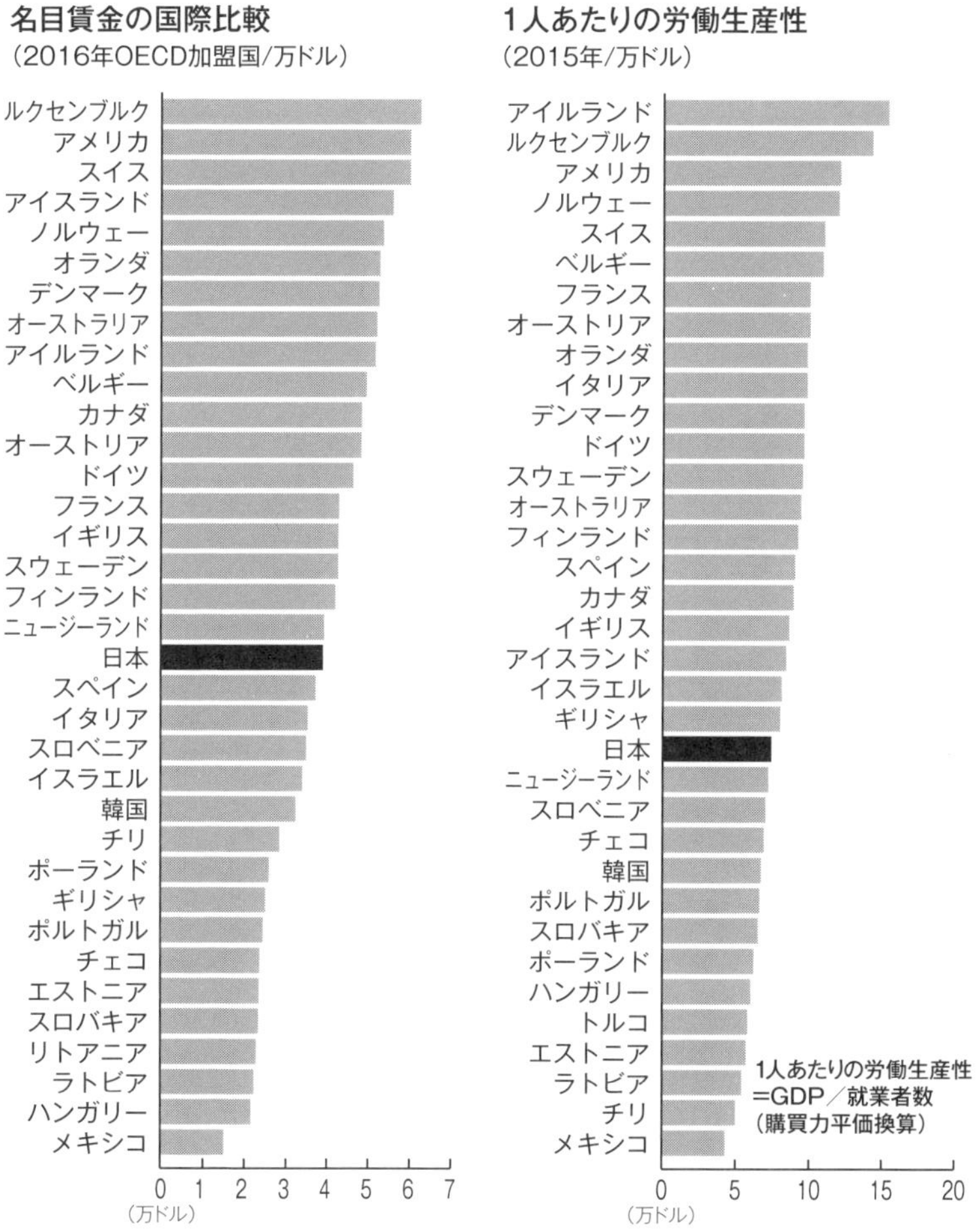

資料:OECD.Stat

資料:『労働生産性の国際比較』日本生産性本部
©BBT大学総合研究所

れている。とりわけ、ＩＣＴ（情報通信技術）が急速に進化し、ビジネス環境が激変する中で、それらに十分対応できていないホワイトカラーの生産性の低さが日本企業の「稼ぐ力」を失わせている。それが、ひいては社員の給料が上がらない原因ともなっている。従来の仕事のやり方や人材戦略を続けていたら、会社そのものがつぶれてしまいかねないのだ。

社員の生産性を引き上げたり新たな人材を積極的に採用したりするための方策として、多くの企業で「新たな働き方」を模索する動きも広がっている。

たとえば、会社に出勤しなくても仕事と認められる「在宅勤務」や「ノマド・ワーキング」、あるいは「週休３日制」や「副業・兼業可」といった制度が続々と導入されつつある。それに伴って、誰もが自分の仕事のやり方をもう一度見つめ直す必要に迫られている。

まさに今、一人一人が「自分はどう働くか」という問いを突きつけられているのである。

政府「働き方改革」の意味がわからない

そうした中で、ここ数年盛んに喧伝《けんでん》されているのが、安倍政権が主導する「働き方改革」だ。「働き方改革」関連法案は、高収入の一部専門職を労働時間規制から外す「高度プロフェッショナル制度（高プロ）」の導入や裁量労働制の対象拡大、残業時間の上限規制などを一つに束ねたもので、政府は２０１９年４月の施行を目指すとしている（中小企業や一部の制度は20年４月以降）。

長時間労働の是正については、残業時間を事実上無制限に増やせる現在の「36（サブロク）協定」に制限を加え、労使が合意した場合の残業時間の上限を月45時間・年360時間、最大で月60時間・年720時間（繁忙期は1か月間に限り月100時間）までとすることや、違反企業に対する罰則を設けることなどが柱となっている。

こうした政府案に対し、連合は「高プロに年間104日以上の休日取得を義務化する」などの修正内容を盛り込むことでいったん同法案を容認する姿勢を示しながら、傘下の労働組合が強く反対したため撤回している。

しかし、私にはこれらの議論の意味が全くわからない。

そもそも仕事にはブルーカラーとホワイトカラーがあるが、日本企業の場合はブルーカラーの比率が大幅に低くなっている。作業の自動化やロボット化が進んだ上、今や多くのメーカーは外から買ったり外注したりした部品を組み立てているだけだからだ。

一方、ホワイトカラーの仕事には定型業務と非定型業務がある。定型業務とは、データ入力や伝票整理、記帳、請求書作成など作業内容に一定のパターンがあってマニュアル化、外注化が可能な仕事で、世界中どこへ行ってもSOP（Standard Operating Procedure／標準作業手順書）があり、具体的な作業や進行上の手順が一つ一つの作業ごとに決まっている。最も自動化しやすい業務だが、日本企業の生産性は欧米企業の半分ほどなので、今後はAI（人工知能）やロボットに置き換えていかねばならない。そして「残業」というのは、この定型業務にしかなじまない言葉である。こうした仕事では、長時間労働や低賃金を強要するような違法な雇用形態は厳しく取り締まるべきだろう。

もう一方の非定型業務は、経営戦略の構築や事業計画の策定、新製品の企画・開発、対外的な交渉など個人の思考力、判断力、経験が要求されるクリエイティブな仕事であり、自動化してＡＩやロボットに置き換えるのは難しい。問われるのは「答えを出せたかどうか」「問題を解決できたかどうか」ということだけである。つまり時間ではなく成果で計る仕事なので、極端に言えば会社にいる必要もない。

したがって、非定型業務には「残業」という概念そのものがないのである。入社時に非定型業務を志向した人間、あるいは非定型業務にアサイン（任命）された人間は、残業代はつかなくて当たり前なのだ。

散歩や風呂でも「成果」は出せる

海外の企業は定型業務のアウトソーシングやコンピューター化によってホワイトカラーの生産性を上げてきた。ところが大半の日本企業は、定型業務と非定型業務がないまぜになっていて定型業務を標準化していないため、アウトソーシングもコンピューター化もできないでいる。だからブルーカラーの生産性は飛躍的に向上したのに、ホワイトカラーの生産性はいっこうに向上しないのだ。これが日本企業の給料が上がらない最大の原因である。

したがって、今後は定型業務を標準化し、アウトソーシングやＡＩへのシフトによって

〝ブルー化したホワイトカラー〟の削減を推し進め、生産性の向上を図らねばならない。連合は反対するだろうが、この課題をクリアしないと日本企業は世界で戦えないのだ。

もう一つの日本企業の課題は、非定型業務のホワイトカラーの能力向上である。彼らがクリエイティブな領域でグローバルな競争に勝てるだけの力を持てるかどうかで、日本企業の「稼ぐ力」が決まるからだ。

たとえば購買は、どこから買うのがベストなのか、どういうタイミングで買うべきなのか、より良いものはないのか、といったことを調べて改善する。営業の場合は、担当エリアでどうやって新しい顧客を見つけてくるか、どういう順序で顧客を回ったら最も効率が良いのか、と訪問のルートや優先順位などを毎日懸命に考える。設計なら、機械化によって効率を上げるとか、昔の図面をデジタル化して検索できるようにする、といったことを提案する。

これらがクリエイティブな非定型業務というものであり、その実績は「かけた時間の長短」ではなく、「成果」で計られるべきものである。だから場合によっては、休日に考えてもよいし、徹夜で集中的にやって翌日休んでもかまわない。つまり、良いアイデアやソリューションを生み出し、思考を深めていけるようなシステムや環境、雰囲気を整えられるかどうか――それが非定型業務のホワイトカラーの能力を決める最大のカギなのだ。

私自身、非定型業務の仕事をしているが、往々にして良いアイデアを思いつくのは会社にいる時ではなく、朝早く散歩をしている時や風呂に入っている時である。すなわち、非定型業務はタイムレコーダーや時給とは相容れない仕事であり、それが最も稼げる仕事なのだ。

オーナーシェフと従業員の差

また、もともと商品やウェブの開発などに携わる研究者や情報システム設計者、記者やデザイナー、証券アナリストや弁護士など一部の専門業務と、企業の本社における企画・立案・調査・分析などの企画業務は「裁量労働制」の対象で、残業規制の例外となっている。

さらに今回の「働き方改革」の議論では、しばらく前に話題となった、年収1075万円以上の高度専門職を対象に、労働時間ではなく成果に対して賃金を払うという「ホワイトカラー・エグゼンプション制度」(残業代ゼロ制度)との整合性も、さっぱりわからない。

前述のように日本企業の場合、多くの〝総合職〟と呼ばれるビジネスマンは定型業務と非定型業務の両方を抱えていて、仕事が定型業務と非定型業務の〝霜降り肉〟状態になっている。そこが日本企業の最大の問題であり、まず定型業務を切り出し、それについては残業時間を規制すると同時に、可及的速やかに自動化していかねばならない。

ただし、飲食店やホテルなどのサービス業は別である。たとえば、牛丼店やハンバーガー店の従業員が自分の判断で非定型業務を行ない、客によって盛りや個数を多くしたり少なくしたりしたら困る。これは紛れもない定型業務だから、長時間労働やワン・オペレーション(従業員一人で全業務を切り盛りして営業すること)を厳しく規制し、きちんとした時間管理・人員管理を義務付けるのは当然だ。

しかし、同じ飲食店でも自分がオーナーシェフとして起業する場合は、また話が違う。かつて、ナイキの創業者フィル・ナイトは、こう述べていた。

「よく『レストランを開きたい』と言う人がいる。しかし、厨房で1日23時間働く覚悟がなければ、やめたほうがいい」

私自身も、マッキンゼーに入社してからの数年間は自宅で夕食をとったのが年に数回だけという状態だった。しかし、若い時はその仕事を覚えたい、インパクトの出せる人間になりたい、とアンビション（大志）を持って夜も寝ずに働くことも貴重な経験になる。そういう人間がいなければ、日本はただの〝受命拝命〟専門の労働者の集団になってしまう。

たとえば、マッキンゼー時代の部下でＤｅＮＡ（ディー・エヌ・エー）創業者の南場智子さんは、毎日午前3～4時まで残業し、寝る間も惜しんで働いていた、と語っている。経営コンサルタントの仕事は典型的な非定型業務だから評価は時間の関数ではないし、ましてや残業代は出ない。そういうきつい仕事を経験しながら成果を出してきたから、南場さんは起業しても成功したのである。

サービス残業増や規制の悪用も

私が起業家養成学校「アタッカーズ・ビジネススクール」を20年以上にわたって運営してきた経験から言えば、起業してしばらくは睡眠時間2～3時間が当たり前だ。事務所や店で寝袋で寝て、昼も夜も土日もなく働く。事業計画の策定も銀行に提出する資料の作成も営業も雑巾がけも、すべて自分でやる。そうした状況が最初の何年かは続くのだ。

それに文句を言ったり、へこたれたりする人間には、そもそも起業はできない。なぜなら、仕事のプロである起業家および社内起業家というのは、他人から命じられた仕事ではなく、自分が自分に命じた仕事をするからだ。つまり、会社の使用人ではなく、自分自身の成功――言い換えれば「プロフィット・シェアリング」（会社の業績に応じた利益配分）を夢見て働くのがプロフェッショナルという職種なのだ。ホワイトカラー・エグゼンプションの議論で（使用人の象徴である）年収を指標に使ったのは、この点からも全く間違っている。

ビジネスは、商品やサービスを創造して新しい価値を生み出した人間（およびその集団）が勝つ。その新しい価値を生む人間にはいくら給料を払ってもかまわないし、何時間働いたかは全く関係ない。そういう貴重な人材を一人でも多く採用するのが、経営者の最も重要な役目である。

それを政府が〝上から目線〟で「残業の上限は最大で月60時間・年720時間」「違反したらペナルティ」「年収1075万円以上は例外」などと規制するのは、的外れもいいところだ。この規制を悪用して、虚偽の申告によって長時間残業をさせられたと訴訟を起こす輩《やから》が出てくるかもしれないし、逆に「サービス残業」が増えてしまうおそれもあるからだ。また、残業が少なくなったら、給料が減って困る人もいるだろう。

要するに、これは企業ごとの労使協議に預けたほうがよい問題であり、政府が杓子定規に全国一律に規制すべき話ではない。そういう「働き方」を理解もせずに政府はもとより連合や経団連などが〝上から目線〟で頭脳労働者にまで縛りをかけようとしているのは企業経営に対する冒瀆《ぼうとく》であり、無知・無理解の証左にほかならない。

「正社員を増やせ」大合唱は的外れ

もっとも、企業経営や働き方に関する政治家たちの無知・無理解ぶりは、今に始まったことではない。記憶に新しいところでは、二度の廃案を経て２０１５年に可決・施行された「労働者派遣法改正法」の審議でも、的外れな議論が展開された。

同改正法のポイントは、従来は通訳や秘書などのいわゆる「26業務」以外の業務には最長３年の期間制限がかかるが、これを廃止して「派遣先の同一の事業所における派遣労働者の受け入れは３年を上限とする。それを超えて受け入れるためには過半数労働組合等からの意見聴取が必要。意見があった場合には対応方針等の説明義務を課す」「派遣先の同一の組織単位（課）における同一の派遣労働者の受け入れは３年を上限とする」というものだ。

これを野党は「一生派遣法案」「正社員ゼロ法案」と批判し、それに対して安倍首相は、「計画的な教育訓練を新たに義務付けるなど、派遣労働者のキャリアアップを支援する」と強調して反論した。

だが、派遣社員を減らして正社員を増やすことがすべていいことだ――という発想自体、企業経営の実態やビジネスの現場を全く知らない国会議員たちの戯言《たわごと》だ。

ボーダレス経済の中で企業が富を創出して（＝利益を出して）生き残っていくための要諦は「世界最適化」である。つまり、

■世界で最も良質で安価な原材料を調達
■世界で最もスキルがありコストが安いところで生産
■世界で最も高く売れるマーケットで販売

という最適解を探らねばならないのだ。そして、それを達成するためには、設計、開発、購買、製造、営業、サービスなどすべての機能が時間の関数、すなわち為替レートや賃金の上下などによって変化する「従属変数」となる。ということは、人＝従業員も変数になるわけだ。それらをどのようにミックスして収益を最大化するかを考えるのが経営なのである。

したがって、もし日本国内で「人」に柔軟性が持てないとなれば、その機能は別の国に移さねばならなくなる。つまり、派遣労働者を減らして正社員を増やすというのは、企業戦略から見ると、最も間違った硬直化した政策なのである。

いずれ日本から雇用がなくなる

たとえば、かつての民主党は政権交代前の2009年7月に発表したマニフェストに、最低賃金を全国平均で時給1000円に引き上げることを盛り込んだ。しかし、これほどバカげた公約はない。地方と東京では、生活費も給与水準も大きく異なる。もし、地方で時給1000円以上を義務付けられたら、東京より安い労働コストゆえに優位にあった地方企業はやっていけなくなり、もっと安価な海外に出て行くしかなくなる。つまり「正社員を増やす」政策とは、「日本から雇用が失われる」ことと同義なのである。

幸い日本には、正社員、契約、派遣、パート、下請け、外注など国内に三重四重の構造があった。そのおかげで結果的に雇用を中国や東南アジアに全部奪われることなく、これまで持ちこたえてきたのである。労働者側にとっても、自分のライフスタイルに合わせて多様な就業形態があることはメリットでもある。この柔軟性がなくなったら、人件費が高い日本の場合、企業の海外移転が加速して国内の雇用全体が減っていくのは火を見るより明らかだ。

先例はアメリカだ。日本のような柔軟な構造がなかったために労働者の賃金が高くなりすぎて、名だたる企業はことごとく生産拠点や本社機能を海外に移した。世界最強企業のアップルもアメリカでは製造せず、鴻海《ホンハイ》精密工業などにOEMを委託している。

正社員を増やせだの給料を上げろだのと政府が言うのは、文字通り余計なお世話だ。そんなことを法律で決めたら、アメリカの二の舞になるだけである。

このように派遣労働者や契約社員などの非正規雇用を拡大して伸縮自在の柔軟な雇用形態を認めるべきだと言うと、「大前は正規と非正規の格差拡大を容認する冷酷な人間だ」と批判する読者がいるかもしれない。だが、話は逆である。むしろ、そうしなければ、日本企業は国内で雇用を守れなくなってしまうのだ。

繰り返しになるが、人権にかかわるような長時間労働や、低賃金を強要するようないわゆるブラック企業、違法な雇用形態は絶対に許されない。労働基準監督署などが厳しく取り締まるべきであり、政策的にも悪質な企業を規制するための〝ＯＢ杭《くい》〟は打っておかねばならない。ただ、逆に言えば、人権問題につながらない限り、雇用形態は需要と供給の関係の中で企業が自由に決めればよく、政府が介入すべきではないのである。

「働かない正社員」を解雇できない日本

一方で、「働かない正社員の解雇」の問題については、これまでもたびたび議論になってきた。たとえば、ビジネス誌『プレジデント』（２０１５年1月12日号）で、オリックスの宮内義彦シニア・チェアマンが「きちんと働かない人の雇用を打ち切れるように、解雇条件をはっきりさせることが必要でしょう」と発言したのをきっかけに、論争が沸き起こったことは記憶に新しい。宮内さんはその記事で、至極まっとうな指摘をしている。

「正規雇用は一度採用されたらクビにならないですよね。いったん二二歳で就職したら六五歳までのんびりやっていても大丈夫だというバカな世界ができていて、たとえ生産性が下がっても企業は解雇できません。だから非正規で雇用調整せざるをえなくなり、非正規はいつ契約が終わるかとびくびくしながら働かざるをえない。これは不公平です」

今でも会社のルールをきちんと定めておけば解雇できないことはないものの、「客観的に合理的な理由」と「社会通念上の相当性」が必要で、手続きが非常に複雑である。解雇をしやすくするというと、労働者や労働組合はナーバスになるが、実際、生産性の低い正規社員がいることは非正規社員へのしわ寄せにもなっているのだ。どういう場合に解雇が妥当となるか、法律上の明確なルールを考えるべきだろう。

実は、日本企業の多くは、できるだけ国内に留まりたいと考えている。これは、ビジネスライクに安価な人材を求めようとするアメリカ企業や韓国企業などとは全く違う、日本的なメンタリティだ。

しかし、このまま安倍首相をはじめ与野党そろって「非正規はかわいそう」「正社員を増やせ」の大合唱が続けば、かろうじて国内に留まっている企業も耐えきれなくなってしまうだろう。そうした企業経営の実態やビジネスの現場を知らない政治家たちに、雇用を語る資格はないのである。

「優秀な社員」を離さない欧米の仕組み

社員をどのように遇するかは、マネージメントの知恵の使いどころである。たとえばアメリカでは、子育て支援制度を拡充する企業が相次いでいる。

ＣＮＮによると、クレジットカード大手のアメリカン・エキスプレスは２０１７年１月から、勤続年数1年以上のフルタイムとパートタイムの男女従業員を対象とした給与全額支給の育休期間を、主に子育てを担う親の場合は従来の6週間から20週間に延長した。出産に伴う療養が必要な女性従業員は、さらに6～8週間の給与全額支給の産休を取得できる。保険・金融大手のアクサは、勤続年数1年以上のフルタイムとパートタイムの従業員が主に子育てを担う場合、給与全額支給の育休を16週間まで取得できる。家具大手のイケアは、アメリカ国内のパートタイムも含めた従業員を対象に6～8週間の育休期間は給与全額を支給し、さらに6～8週間は半額を支給するという。

一方、日本の場合は法律上、産休を14週間、育休を最長で子供が1歳6か月になるまで取得できるが、産休・育休中は健康保険から出産手当金、雇用保険から育児休業給付金がもらえるため、大半の企業は給与を全く支給していない。

だが、これは世界の先進国の常識から大きく遅れている。欧米の一流企業は前述のアメリカン・エキスプレスやアクサ、イケアのように規定の産休・育休期間は給与全額支給が当たり前で、それを超えて休む場合は給与が減額されたりボーナスや昇進・昇給がなかったりするが、復帰はいつでもできる、という制度が一般的だ。

なぜ、そういう制度になっているのか？　苦労して探し出して採用した社員は、余人をもって代えがたい人材だからだ。優秀な人材は採用が難しい上、会社になじむために最初の数年は大きな投資が必要であり、そうした多大な初期投資をした優秀で貴重な若い人材が出産や子育てのために辞めてしまったら、会社にとって非常に大きな損失となる。たとえ途中で2～3年休んだとしても、30～40年の勤務スパンで考えれば、女性も男性も好きなだけ育休が取得できて自由に復帰もできるという制度にしたほうが、社員にも会社にもインセンティブがあるのだ。

自宅で働いても「時間給」は同じ

日本企業の場合、能力のない人間や生産性の低い人間に長い有給休暇を取られたら会社も周囲の社員も納得できないという問題が出てくるかもしれないが、それは入社試験の時に毎年決まった人数を、優秀な人材かどうかを厳しく見定めず、出身校の知名度や偏差値だけで目をつぶって十把一絡げで採用しているからだ。

かたや欧米の一流企業の場合は一人ずつ時間をかけて面接し、経営陣が本当に優秀だと判断した人材しか採用しない。しかも、採用後の社員教育に売上高の10％前後を使っている企業が少なくない。だから、そういう大きな初期投資をした貴重な人材を引き留めるため、懸命に努力しているのだ。

ただし、私に言わせれば、好きなだけ育休が取得できるという制度も、まだ古い。そもそも「育休」という概念自体が間違いで、企業は育休を増やすよりも子育てをしながら「在宅勤務」ができる制度とシステムを整備すべきだと思うのである。

なぜなら、インターネット&スマートフォン革命によって、今や大半のホワイトカラーは、場所を選ばずに仕事ができるようになっているからだ。実際、私自身、インターネットにさえつながっていれば、世界中どこにいても仕事ができている。

工場のラインや、ホワイトカラーでも営業・販売など顧客・取引先を回ったり現場に常駐していたりしなければ仕事ができない職種に就いている社員が出産・子育てを計画している場合は、1～2年前から在宅勤務ができる職種に配置転換してもらえばよい。たとえば、営業部門には営業支援という職種がある。営業が受注してきた時に書類作成をサポートする仕事で、これは自宅にいてもできる。

在宅勤務の最大の問題はセキュリティだ。しかし、営業の内勤業務や総務、経理の売掛金督促など、ホワイトカラーの半分くらいの仕事はそれほど高度なセキュリティが要求されないので、在宅勤務が可能である。

ちなみに、私が経営しているBPO（ビジネス・プロセス・アウトソーシング／企業の業務プロセスを外部の専門企業に委託すること）の受託企業では、子育てをしながら在宅勤務をしている社員のために、家事が一段落して子供が寝ている間だけスイッチをオンにしておくと仕事が入ってくる、というシステムを開発して導入した。入ってきた仕事は会社にいる時と同じようにこなし、然るべきタイミングで返さなければならないので、スイッチをオンにした時間によって給与が決まる（時間給はフルタイムで働いていた時と同じ）という仕組みである。これなら職場に復帰した時も、休む前と同じように違和感なく仕事ができる。

目指すは「同一生産性同一賃金」

会議や打ち合わせも、パソコンやスマホでスカイプやフェイスタイムなどのソフトを使えば、どれだけ離れた場所にいても、お互いに顔を見ながらリアルタイムで話し合うことができる。さらに最近は、リアルタイムで参加できなかったら後でその映像を見てキャッチアップすることもできるため、その場にいる必然性も少なくなっている。

在宅勤務を選ぶかどうかは本人の問題である。在宅勤務が嫌なら育休を取ればよいし、育休を取ってから在宅勤務をするという選択肢もある。これから労働力人口が減少し続ける日本では、給与全額支給の育休や在宅勤務の制度とシステムを整備することが急務であり、おのずとその方向に進まざるを得ないが、私は育休という概念よりも在宅勤務という概念のほうが、何事もスムーズに運ぶのではないかと思う。

安倍首相は「1億総活躍社会」の実現に向けた「働き方改革」として「同一労働同一賃金」「非正規という言葉をこの国から一掃する」と叫んでいるが、そういう概念は私には理解不能だ。仕事の質や成果、地域差に関係なく「同一労働同一賃金」と言われたら企業は賃金が安い国に出て行くしかないので、国内雇用が減るだけである。「雇用創出」どころか「雇用喪失」「雇用消失」につながる愚策だ。本当に1億総活躍社会を目指すなら、育休や在宅勤務の拡充を推し進めると同時に、正規であれ非正規であれ「同一生産性同一賃金」「同

一、成果同一賃金」にすべきである。

現在、日本企業の間接業務の生産性はアメリカ企業の半分ほどでしかない。もし、その程度の「働き方改革」ができないようであれば、日本企業はますます衰退するしかないだろう。

誰のための勤務形態なのか

日本企業の中でも、多様な働き方を積極的に取り入れているところも少なくない。

リクルートホールディングスとグループ会社の一部は、2016年1月から、雇用形態にかかわらず、すべての従業員を対象としたリモートワーク（在宅勤務）制度を本格導入した。子育てや介護といった理由がなくても、無制限に在宅勤務ができる制度は珍しく、在宅勤務を選んだ社員は原則的に自宅など自分の好きな場所で仕事をすることができるという。

また、カジュアル衣料店「ユニクロ」などを展開するファーストリテイリングも、2015年10月から正社員の一部を対象に「週休3日制」を導入した。対象となるのは国内の「ユニクロ」約840店で働く転勤のない「地域正社員」で、原則として店が混雑する土日祝日が出勤日となる。週休2日制なら1日8時間の勤務時間が10時間に延びるが、1週間あたりの勤務時間（40時間）と給与水準は変わらない仕組みである。

前者のリクルートのように在宅勤務やテレワークが可能になると、現実問題として大きく二つの問題が発生する。

一つは、経理などのように固まって仕事をするのが習慣になっている職種の人は、1か所に集まっていることで横の連絡がスムーズに取れたり、互いに周りの状況がわかったりするというメリットがある。それが自宅やサテライトオフィスではなくなる。

もう一つは、情報のセキュリティ管理である。自宅や社外で仕事をすると、いくらセキュリティを強化しても、何らかの形で情報が流出してしまったりするケースは避けられない。実際、それが原因で、今までに何回か（夫婦が互いに競合企業に勤めている場合などで）〝事故〟が起きている。

さらに、いくらテレビ電話などがつながっているとしても、上司としては、どうしてもその場にいる人間に仕事を振りがちになるので、多かれ少なかれ周りにしわ寄せがいくことは避けられない。だから上司は在宅勤務をする社員に対し、どういうテーマを与えてどのような成果を求めるのか、ということを明確に定義しなければならない。上司にとっては、従来の勤務形態よりもはるかに厳しいと言える。

在宅勤務になって給与が変わらないのに成果が減ったら、経営者の側からすれば実質賃金は上がることになる。したがって、通勤時間が減ったぶんだけ成果が増えないと、在宅勤務を導入した意味はない。その点、今回のリクルートの在宅勤務制度は、社員に対する優しさだけなのか、会社や（とくに）顧客にとってもメリットがあるのか、まだよくわからない。

ファーストリテイリングの「週休3日制」の場合も、「誰にとって意味があるのか」ということが問われる。ユニクロの問題は、曜日や時間帯や店舗によって、お客さんの混み具合が大きく違うことである。この問題を解決するために社員やパート・アルバイトの勤務形態を考えたり、同じグループの「ジーユー」の一部店舗で実験していた無人レジをユニクロに本格導入したりすべきであり、それが「顧客志向」というものだ。お客さんの側からすれば、社員が週に何日休もうが、それこそ知ったこっちゃないのである。

労働時間の15%を「社会貢献」に

さらに、社員の側からすると、週休2日が3日に増えることにどういう意味があるのか？学校に通う子供がいたり、夫婦共稼ぎでパートナーの休みが土日祝日だったりすれば、平日に3日休んでも、家族では活用しづらい。また、ユニクロはもともと正社員の副業・兼業やアルバイトを禁止しているが、それで週3日も休みになったら、大半の人は暇を持て余してしまうのではないだろうか。

これについてはマッキンゼーの例を挙げると、パートナーになれば自分が会社で働いている時間の15%を社会貢献に割り振ることができるシステムになっていた。具体的には、無料のボランティアで地元のバレエ団のコンサルティングをしたり、病院のコンサルティングをしたりといった具合である。そういうコミュニティ活動に使った時間が、休みではなく出勤した時間として認められるのだ。

マッキンゼーの社員は頭脳集団だから、その能力を所属するコミュニティで有効活用することによって企業イメージを高めることができるし、社員の人脈づくりやスキルの向上にも役立つわけだ。ファーストリテイリングも優秀な社員が多いのだから、単に休みを１日増やすのではなく、マッキンゼーのような仕組みを作って、社員の社会貢献を促すのも一手だと思う。

あるいは、３日の休みのうちの１日は、自己啓発や自己研鑽のために図書館に行って勉強したり、ライバル企業や他業種の店舗を視察したりして顧客動向に関する観察レポートを書くなど、自分の仕事やアパレル業界に対する知識と理解を深めるために使うようにしたほうが、社員のためにも会社のためにもなると思う。

ただし、最大のポイントは、あくまでも新しい勤務形態が顧客のためになるかどうか、である。リクルートやファーストリテイリングなどの有名企業がこうした新しい勤務形態を導入するのはよいことだが、中途半端で終わっては元も子もない。両社の取り組みが「日本人の働き方」を本質的に見直す起爆剤となることを期待したい。

「５年後も成長している会社」の働き方

ここまでで、安倍政権が鳴り物入りで展開しようとしている「働き方改革」がいかに今日の企業や従業員の実態を理解していないかということを指摘しつつ、新たな人材戦略を模索する日本企業の取り組みなどを紹介してきた。

では、ＩＣＴが発達し、ビッグデータやＡＩを活用した新しい事業が次々と興《おこ》って成長している中で、５年後、10年後に成長している会社と、そこで求められる仕事や働き方とは、いったいどのようなものなのか？

先にも述べたように、すでに工場などで働くブルーカラーの労働者は、ロボット化によって昔に比べると大幅に少なくなっている。今後もさらに減少していくだろう。日本は労働力人口の減少に伴いブルーカラーの担い手が減り続けているので、うまく置き換わっているとも言える。

その一方で、ホワイトカラーの仕事は、コンピューター化が進んでも依然として人海戦術でやってきている。しかし、これからホワイトカラーの仕事はどんどんなくなっていく。ビッグデータやＡＩが本格的に導入されれば、総務や経理は自動化され、人事案や事業計画さえもＡＩが作るようになるだろう。実際、すでに多くの企業で社員の仕事ぶりなどのデータを基にコンピューターが採用や評価、配属を決めるＡＩサービス（ＨＲテック）導入の動きが進んでいる。

さらに今後は、外部のアナリストがやっているような仕事もＡＩを活用して社内でやるようになるだろう。その結果、５～10年後には、ホワイトカラーの仕事は現在の10分の１の人数で十分こなせるようになっていると思う。ということは、これからホワイトカラーの失業者が大量発生すると予測されるわけだ。

もう一つ重要なのは、これまで会社のピラミッド型組織の要とされてきた部長や課長などのミドルマネージャー（中間管理職）が要らなくなることだ。今や普通の会社であれば、経営者の意思決定はeメール1発ですべての平社員に届く。平社員が自分の意見を経営者に直接伝えることもできる。したがって、経営者と平社員の間の単なるメッセンジャー（伝令）役でしかないミドルマネージャーは役割がなくなってしまうのだ。

来年、再来年くらいはまだ変わらないかもしれないが、5年後、10年後の会社には、クリエイティブな仕事を担わない管理単位としてのミドルマネージャーはいなくなっているだろう。

近年、そうした組織と個人の関係の変化を象徴するような出来事が二つあった。シャープの戴正呉《たいせいご》社長の従業員に対するメッセージと、トルコのクーデター未遂事件におけるエルドアン大統領の危機対応である。

トップと同じ考えを全員が瞬時に共有

シャープを買収した鴻海精密工業の副総裁からシャープの社長になった戴氏は、就任直後の16年8月半ばに社員向けホームページでメッセージを発信した。

その内容は、まず「この出資は買収ではなく投資であり、シャープは引き続き独立した企業」とした上で、「私の使命は、短期的には、1日も早く黒字化を実現し、シャープを確かな成長軌道へと導き、売り上げ・利益を飛躍的に拡大していくこと」「中期的な使命としては、次期社長となる経営人材を育成・抜擢するとともに、積極果敢にチャレンジする企業文化を創造すること」と述べた。

続いて具体的な経営戦略を詳しく説明するとともに「ビジネスプロセスを抜本的に見直す」「コスト意識を大幅に高める」「信賞必罰の人事を徹底する」という三つの方針を打ち出し、信賞必罰の人事では「収益を上げれば、従業員に還元する」として、ストックオプションや営業インセンティブ制の導入により「高い成果を上げた従業員を高く処遇する体系にする」一方で、「挑戦を避け、十分な成果を出せない場合には、マネージャーは降格するなど、メリハリの効いた仕組みを導入する」と鴻海流の社内制度を導入する考えを示した。

そして最後に「依然として赤字が続く厳しい経営状況にある。鴻海グループとしてはシャープに大きな投資をし、全面的に支援していくが、経営再建の担い手は皆さん一人一人。新しいシャープを自ら創っていく気概を強く持ち、それぞれの業務において主体的に変革に取り組んでほしい」と呼びかけ、「皆さんと私は仲間です。一緒に困難を乗り越え、早期の黒字化を果たしましょう！」と訴えた。

シャープ社員の不安を解消し、やる気を引き出す実に素晴らしいメッセージである。シャープの中でも意識が高い社員たちは戴社長のメッセージを真摯《しんし》に受け止め、その考えに共感して大いに歓迎したと思う。それほど心に響く内容だった。実際、その後シャープは戴社長の下で大きく業績を改善し、1年半ほどの短期間で東証1部に復帰している。

このトピックで最も重要なのは、ネットワーク時代は組織の全員がトップと同じ情報、同じ認識を瞬時に共有できるということだ。言い換えれば、インターネットがミドルマネージャーになるわけだ。

スマホ一つでクーデターも鎮圧

もう一つのトルコのクーデター未遂事件は、それ自体はビジネスと関係のない政治的な出来事だが、非常に示唆《しさ》に富んでいる。

この事件は、トルコ国軍の一部がイスタンブルや首都アンカラなどで反乱を起こし、国営テレビ局を占拠して外出を禁止する戒厳令を宣言したものの、休暇でリゾート地に滞在していたエルドアン大統領は難を逃れてイスタンブルに戻る機上からスマートフォンのテレビ電話アプリ「フェイスタイム」を利用してＣＮＮトルコに出演、国民に広場や空港に集まってクーデターに抗議するよう呼びかけた。それに対して、多くの国民が応じて反乱軍は正規軍に鎮圧され、クーデターは12時間足らずで失敗に終わったのである。

ここでエルドアン大統領がやったスマホ一つで民衆を動かし、クーデターさえも阻止するという手法は、実は企業経営においても無限の応用が可能である。すなわち、トップに能力があれば、世界のどこにいても、何をしていても、瞬時に自分の考えをダイレクトに配下の人々に伝え、組織を動かすことができるということだ。

シャープとトルコで見られた事例は、従来のピラミッド型組織の時代が完全に終焉《しゅうえん》したことを意味している。そして、ICT時代のネットワーク社会では、一人一人の個人が年齢、経験、肩書、性別、国籍、民族、宗教に関係なく、トップのダイレクトな指示を受けて、どれだけ組織に貢献できるか、ということだけが問われるのだ。

では、そこで求められる働き方とはどういうものなのか？　それが次のテーマになる。

「貢献」なき人間は存在しないのと同じ

ICT時代のネットワーク社会における組織は、一人がみんなに、みんなが一人に、みんながみんなにつながっているという概念である。その中では、積極的に自分の意見を「発言」して組織に「貢献」しなければならない。

一例を挙げよう。私は、学長を務めている「ビジネス・ブレークスルー（BBT）大学大学院」で経営戦略のクラスを受け持ち、1学期・3か月間に23回の講義を行なっている。その授業ではクラス全員でネット上で議論しながら〝答え〟を導き出すのだが、学生が3か月間に発言する回数は平均75回なので、発言が50回以下だった学生や最後に慌てて何度も発言して帳尻を合わせた学生は落第・再履修となる。発言していないということはクラスに貢献していないということであり、貢献しない学生はネットワーク社会では存在しないのと同じだからである。

この手法は、いわば〝クラス内ウィキペディア〟のようなものである。一人一人の学生は、知識や経験が足りなかったり、スキルが未熟だったりする素人だ。しかし、その素人が集まって真剣に考えながら侃々諤々《かんかんがくがく》の議論を重ねていくことで、より正しい〝答え〟にたどり着くのだ。これは会社など他の組織やグループでも同じである。

つまり、ICT時代のネットワーク社会は、すなわち〝ウィキペディア的社会〟であり、そこでは「I」よりも「We」のほうが、必ず優れているのだ。それが「集団知」というものであり、集団知が重層化すればするほどその組織は強くなり、実行する際にも馬力が出る、という考え方である。

反対に、「それは間違っていると思うが、口に出しては言えない」「こうすべきだが、私には関係ない」といった雰囲気がはびこると、組織は澱《よど》んで間違った方向に動く。歴代トップによる東芝の不正会計問題やオリンパスの粉飾決算事件が、その象徴的な事例である。

創造力のカギは「アウフヘーベン」

重ねて言うが、「We」は必ず「I」より優れたものを生み出す崇高なものである。だからこそ、「I」は「We」の一員として貢献しなければならない。それがネットワーク社会における組織の必然であり、しきたりなのである。

逆に言うと、組織に貢献しているなら、どこで何をしていてもかまわない。温泉旅行に出かけていようが、海外のリゾート地でマリンスポーツに興じていようが、ネットにつながってさえいれば貢献できる。それが21世紀の働き方なのだ。

さらに「Ｗｅ」の中の一人の「Ｉ」が「我が社はこんな新事業をやるべきだ」「こういうビジネスを立ち上げたい」と言った時、それに賛同して集まってくる人や別の方向を提案する人が出てきたら、それぞれの「Ｗｅ」が独立したり、分裂したりしてもよい。ネットワーク社会では多くの人が発言し、アイデアを出し合いながら、お互いに前向きな批判をしつつ意見を統合していくことで、単に「Ｉ」を束ねただけの組織ではできなかったことができるようになり、より高いレベルに飛躍する。いわば「アウフヘーベン（止揚《しよう》）」である。

実は、このアウフヘーベンというものは、ＡＩやロボットは苦手である。今後はディープラーニング（深層学習）でＡＩも思考を飛躍させられるようになるかもしれないが、現状では基本的に従来の知識やデータを積み重ねて分析し、その延長線上で最適解や選択肢を導き出しているだけだから、アウフヘーベンで全く新しいものを創造することは今のところ人間にしかできないのだ。

つまり、これからホワイトカラーは、ＡＩやロボットに代替される仕事の残った部分を細々と続けていく人間と、ＡＩやロボットにはできない創造的な仕事をして組織に貢献できる人間に大別されるだろう。

〝好奇心〟を持って人を眺める

そして、そこでの経営トップの最大の仕事は、そういう貢献ができる人間を幹部に登用し、自分の後継者として指名することだ。ポイントは「育成」よりも「発見」である。よく「人材を育成する」と言うが、創造的な仕事ができて、さらにリーダーとして組織を強くする能力を持った人材は極めて稀だから、まずは「発見」に注力することが重要だ。そのためには経営トップが年齢、性別、学歴、肩書、国籍、民族、宗教などに対するバイアスを持たず、広く社内外から傑出した人材を見つけてくることができる仕掛けを作らなければならない。

後継者の「発見」という話でいつも思い出すのが、ソニーの大賀典雄さんだ。創業者の井深大さんと盛田昭夫さんが自分たちの後継者となる大賀さんを〝見つけた〟のは、東京藝術大学音楽部声楽科在学中だ。ソニー（当時は東京通信工業）のテープレコーダーの欠点を的確に指摘した大賀さんの能力に惚れ込んで嘱託《しょくたく》社員にし、ドイツ留学中も給料を出していた。そして大賀さんが帰国すると正式に入社させ、いきなり製造部の部長に抜擢したのである。井深さんと盛田さんは傑出した人材を発見して採用するために多大な時間を使い、投資も惜しまなかった。

そうした努力が経営トップには不可欠なわけで、社内で探す場合は人事部に任せるのではなく、詳細な人材データベースを作り、その中から経営トップ自らが時間を使って見つけるしかない。その際、決定的に重要な資質は〝好奇心〟だ。好奇心を持って人を眺める、というのはなかなかサラリーマンの人事部員にできることではない。

また、社外の優秀な人材を探す場合はクラウドソーシングの活用が有効だと思う。たとえば日本のクラウドワークス、アメリカのアップワークやイノセンティブなどで「これは」と思う人材を見つけたら、まず〝お試し〟で仕事を発注し、その結果が満足できるものであれば、さらに難しい仕事を依頼したり、場合によっては社員に採用したりすればよいのである。5年後、10年後の会社には、組織に貢献できない人間の居場所はない。それは正規社員であろうが非正規社員であろうが同じである。会社から見たら雇用形態のバリエーションは多ければ多いほどよいし、どの雇用形態でも「組織に貢献できるかどうか」だけが問われるのだ。

欧米発「ギグ・エコノミー」の波

一方で、欧米では「ギグ・エコノミー（Gig Economy／単発請負型経済）」が拡大している。ギグ・エコノミーとは、インターネットを通じて単発の仕事を請け負う労働形態、およびそれによって成り立つ経済のことで、代表的な例は、スマートフォンを活用したタクシー配車サービスの「ウーバー（Ｕｂｅｒ）」のドライバー、民泊サイトの「エアビーアンドビー（Ａｉｒｂｎｂ）」のホスト、ネット経由で企業からデザインやコンテンツ制作、システム開発、翻訳といった業務を受注する専門職のフリーランサーなどである。ちなみに「ギグ」とは、もともとジャズミュージシャンが使い始めたスラングで、一度だけの短いソロ・セッションをやること。それが転じて「単発の仕事」という意味で使われるようになったのである。

そもそもアメリカでは20年くらい前に、ニューヨークなどに住んでいた人々がコロラド州などに続々と移住して仕事するようになった。ネットとパソコンの普及によって、いつでもどこでも仕事ができるようになった職種の人たちが大移動し、ＳＯＨＯ（スモールオフィス・ホームオフィス）が隆盛した時期があった。

金融業界も様変わりしている。お金の運用はもはや場所を選ばなくなった。たとえば、アメリカのゴールドマン・サックスでは株式売買の自動化システム導入により、以前は６００人いたトレーダーが今は数人に減ったという。本社機能以外のかなりの部分はコンピューターによる高速取引で代替されたし、運用の基本的な作業はウォールストリートにいる必要がなくなったからだ。このため富裕層相手のファンドマネージャーの多くはニューヨークからボストンに移住した。

イギリスも同様だ。今やファンドマネージャーの大半はロンドンのシティではなく、スコットランドのエジンバラに住んでいる。だから、日本企業がＩＲ（投資家向け広報）活動で海外の金融機関や投資ファンドに説明に行く場合、ボストンとエジンバラは外せない都市になっている。

ソロ・ミュージシャンのように

なぜ、彼らはそれらの場所に移り住んだのか？　豊かな自然があるからだ。コロラドはロッキー山脈を望む雄大な景色が広がり、アスペンやベイルといった素晴らしいスキー場がいくつもある。ボストンは近郊にレキシントンなどの緑あふれる町がある。エジンバラではイギリス人憧れのカントリーライフが満喫できる。つまり、腕に覚えがあるIT系のプロフェッショナルやファンドマネージャーたちは、大自然に囲まれた場所でゆったりと暮らすライフスタイルを求めて、せわしないニューヨークやロンドンを離れたのである。

まさに「類は友を呼ぶ」であり、その働き方はジャズのジャムセッション（即興演奏）のようなものである。ニューヨークやロンドンで仕事をしていた時がオーケストラやビッグバンドの一員だったとすれば、ボストンやエジンバラではソロ・ミュージシャンとして、1回1回の契約に基づいて活動しているのだ。

コロラドやエジンバラは、日本で言えば長野県の白馬村や野沢温泉村、あるいは美味しい食材が豊富な山形県鶴岡市や庄内盆地のようなものである。そういう地域に最先端のソフト開発技術者や高収入のファンドマネージャーが集まっているのだ。

しかし、日本はそういう変化がまだ起きていない。21世紀はピラミッド型の組織ではなく個人の時代だと示唆するギグ・エコノミーは、先進国における新しい働き方を象徴しているわけだが、日本はその流れから完全に後れているのだ。あらゆる意味で個人がまだ解放されていない、と言い換えてもよい。

だが、もはや日本は労働集約型の仕事では、中国やタイ、ベトナム、バングラデシュなどの新興国・途上国に絶対に勝てない。同じ土俵で勝負していたら、それこそ「同一労働同一賃金」で、給料は中国やタイなどに近づいていくしかないのである。現在の給与レベルを維持するためには、研究開発やマーケティング、ファンド運用、ＩＣＴ開発といった知識集約型の仕事に特化しなければならない。

時間や場所でなく「成果」でつながる

企業が新規事業を手がける場合、従来は既存の社員をスキルアップして対処した。しかし、今やそれでは追いつかない。では、どうするか？

方法は三つある。その能力を持つ人材を新たに集めるか、そういう人材がいる企業を見つけてＭ＆Ａ（もしくは業務提携）するか、自分たちは手配師になってコンサルティングファームなどに丸投げするか、である。だが、それだと費用は何倍もかかる。逆に言えば、ギグにアウトソーシングすれば数分の１になるわけだ。

ギグ・エコノミーの先進国アメリカでは、クラウドソーシングが花盛りだ。最大手の「アップワーク」には、世界中で１０００万人以上のフリーランサーが登録している。遅ればせながら日本も徐々に利用が拡大し、国内最大級のクラウドワークスは会員数が１６０万人を突破している（２０１７年12月現在）。

ともすればクラウドソーシングの仕事はブラックになりがちだが、アップワークには世界屈指のプログラマーも多い。だから、たとえばニューヨーク証券取引所に上場しているベラルーシのソフトウェア会社イーパム（EPAM）システムズは、人が足りなくなった時はアップワークで補充している。世界の最適人材を必要な時に必要なだけ使っているわけで、もはや自社の社員にこだわったり、手配師になって丸投げ外注したりしている時代ではないのである。

一方、アップワークの登録者は、お客さんから高い評価を得れば時給がどんどん上がっていくので、最も優秀な人はおそらく年間億円単位で稼げている。

ギグの良い点は、時間と場所の制約から解放されるということだ。その仕事ができればどこにいてもかまわないので、通勤しなくてよいし、コアタイムや会議も必要ない。「成果」だけでつながればよいのである。

日本では与野党ともに「非正規を正規に」「正社員を増やせ」の大合唱となっているが、むしろ今は正社員のほうが使えない時代になっている。「君はトランペットを吹けるのか、それともサックスか？」と聞いても、「私は総合職ですから……」と言って何の役にも立たない輩があふれている。したがって、これから日本企業は正社員を思い切り減らして優秀なギグを世界中から（ネットで）集めるべきであり、そうなれば大きい成果を出すフリーランサーのほうが正社員より高給をもらえる時代がやってくるだろう。その中で生き残れる人材になるにはどうすればよいのか？　さらに考えを進めてみたい。

日本でもギグ拡大の〝芽〟はある

前述のように、安倍政権が「働き方改革」で掲げているのは、すべて20世紀の労働形態に対する政策だ。21世紀のギグ・エコノミーでは、同一労働同一賃金、残業時間、正規雇用・非正規雇用という概念はない。会社に雇われるかどうか、長時間働くかどうかではなく、成果を出せるかどうか、新しい事業を生み出す能力があるかどうかが各個人に問われるのだ。

その現実を知らない安倍政権は、国を挙げて月末の金曜日に早めの退社を促す「プレミアムフライデー」などを提唱したが、的外れも甚《はなは》だしい（プレミアムフライデーの愚策ぶりについては、改めて第４章で詳述する）。先ほど紹介したアメリカのコロラド州やイギリスのエジンバラに移住してネット経由で仕事をしている人たちは、成果さえ出せば、いつどこで何をしていてもかまわないので、いわば「プレミアムエブリデー」なのだ。

だが、そんな〝働き方後進国〟の日本にも、ギグ・エコノミーが拡大しそうな〝芽〟はある。

たとえば、ＩＣＴやネットベンチャーの起業家たちは、10代の時のゲームに始まった友達同士のネットワークで、その後もそのままつながっている。まさに「類は友を呼ぶ」である。彼らは組織に属することを嫌い、「ソロ」で活動することを好む。自分一人だと手に余る場合は、仲間と組んでジャズのジャムセッション（即興演奏）のような形で仕事をする。会社の名刺や肩書で仕事をするのではなく、個人の能力でギグ（単発の仕事）をするのが当たり前——そういう人たちが増えてくることが強みになるのだ。

サイバーリーダーシップと集団知

ギグ・エコノミーでは、名刺も肩書も関係ない。「私はこれができます！」「こういう実績があります！」と言えなくてはならない。ネットの世界では「使用前」と「使用後」が明確にわかる人、すなわち期待された以上の成果を出せる人しか評価されないし、通用しないのだ。

さらに、多国籍で様々な人種・民族に属し、面識もない人たちとサイバー空間でコンボを組んで、うまく〝ジャムセッション〟するには、それなりのルールやエチケット（＝ネチケット）が重要だ。チームメンバーを取り仕切る「サイバーリーダーシップ」も必要になってくる。

その教育については、オンライン100％のBBT大学などで培《つちか》った私なりのノウハウがある。

それは、たとえば相手の意見に対して「私は反対だ」とか「私は正しいと思う」とか、証拠もなく結論だけ主張することを禁止する。自分の主張については必ず証拠を示さなければならないというルールを作り、それに基づいてピアレビュー（お互いの意見について評価し合う活動）を行なう。なぜなら、サイバー社会では偏見や先入観だけで一方的に決めつける輩が多いからで、当初はこの新しい秩序が身につくまで、学長の私自身が学生の発言を全部読み、ルールに違反した学生を厳しく指導していた。

そういうことを続けていくと、学生たちはサイバーリーダーシップを身につけるとともに、議論しながらお互いに学び合って最適解を導き出す「集団知」によるチーム文化を確立する。国境のないネット上で新しい価値が創出される21世紀は、このサイバーリーダーシップとネット集団知を高めることが、何事においても極めて重要なのだ。英語ができて、サイバーリーダーシップがあり、集団知を高めることができれば、即座に世界中のギグ・エコノミーで活躍できるだろう。

しかし、そういうことは今の文部科学省の学習指導要領には1行も書かれていない。つまり、そんな学習指導要領に従って教えている既存の学校には、ギグ・エコノミーでボーダレスに活躍できる人材を育てることはできないのだ。

幕末期の日本では、吉田松陰《しょういん》が主宰した「松下村塾《しょうかそんじゅく》」や緒方洪庵《こうあん》の「適塾《てきじゅく》」のような〝私塾〟が次世代の有為《ゆうい》な人材を輩出していった。従来型の幕府の下ではそうした人材が育たなかったからだ。それと同様に、旧態依然の大学や会社組織からは、国際的なギグ・エコノミーに対応できる21世紀型の新しい人材は生まれない。

では、「ソロ」でも活躍できる実力を身につけるにはどうすればよいのか？　自分で考えて行動していくしかないが、まずはサイバー社会で仲間を作り、何か共通の新しいものを開発する仕事を呼びかけて経験を蓄積することから始めてみてはどうだろうか。そのためのヒントは、第2章でもう少し解説したい。

「たった一人の天才」が世界を変える

アメリカでは、アマゾンの創業者ジェフ・ベゾス、テスラモーターズやスペースXの創業者イーロン・マスク、フェイスブックの創業者マーク・ザッカーバーグ、ウーバーの共同創業者トラヴィス・カラニックら、21世紀を代表する天才的な起業家が続々と登場している。これらのゴジラ企業を生んだのは、国籍や学歴に関係のない「たった一人の天才」である。

もともと世界を変える発明や技術革新は、往々にして一人の天才の手で成し遂げられる。白熱電球や蓄音器などのトーマス・エジソンしかり、自動車大量生産技術のヘンリー・フォードしかり、タイヤのジョン・ボイド・ダンロップしかりである。そういう天才が生み出した製品を、GE（ゼネラル・エレクトリック）やフォードやダンロップといった先行企業が国内から海外へと販路を拡大し、徐々に世の中に普及させてきたのが20世紀だ。

しかし21世紀は、一人の天才が1日のうちに1から1000まで夢想したことを瞬時に実現できる。たとえばカラニック（性格的な問題により2017年にCEOを辞任したが）は、おそらくウーバー起業のアイデアを思いついたその日に、国家や国境や国籍に関係ない全地球的かつスマホ・セントリックな経営システムを構想していたと思う。

そんな21世紀を象徴する新しい人材という意味で、目を離せない人物がいる。アメリカで話題の伝説的ハッカーにして天才プログラマー――１９８９年生まれの若き天才、ジョージ・ホッツだ。彼は、17歳の時にｉＰｈｏｎｅのＳＩＭロックを世界で初めて解除し、21歳の時にソニーのプレイステーション3をハッキング。さらに、２０１５年には、たった１か月で市販車（ホンダ「アキュラ」）を改造し、世界中の自動車メーカーやＩＴ企業が開発にしのぎを削っている自動運転車を自作したと発表し、日本でも話題になった。

このホッツもまた、大した学歴はないが（ロチェスター工科大学中退）、ハッカー出身という履歴は実は高く評価される。ハッカーはしばしば犯罪絡みのマイナスイメージを持たれがちだが、その本質は、強大な権力を持つエスタブリッシュメントに一人で立ち向かって倒すことにある。それをユーザー本位の新ビジネスやシステムで、既存の大企業やシステムをひっくり返せるのだ。

成功しても目線を下げるな

ただし、それは必然的に孤独な闘いになる。「出る杭は打たれる」の諺《ことわざ》どおり、皆に批判もされる。それでも自分で地図を描いて道なき道を切り開いていかねば、世の中は変革できない。

また、いったん成功すると、たいがい「出た杭」は引っ込み、目線が下がる。政府の諮問会議のメンバーになったり、徒党を組んだり、メディアや銀行にちやほやされたりして、現状に安住してしまうからだ。株式を新規上場した途端に失速する経営者も少なくない。だが、天才は孤独でなくてはならない。他を寄せつけない高みに立って闘いを続けていかなければ、世界を変えることはできない。

しかし今は、ベン・ホロウィッツやマーク・アンドリーセンのようなかつての起業者が投資家に回っているので、有望な「出る杭」を見つけるのも、育てるのも早い。銀行や大企業、ましてや国家ファンドなどは出る幕がないのだ。

幸い、これまで〝ベンチャー後進国〟だった日本でも、最近ようやく10代・20代の起業家が登場して注目を集めている。その中からホッツやマスクやザッカーバーグのような天才が出現することを期待し、目を皿のようにして「出る杭」を探す今日この頃である。

第2章

「エクセレント・パーソン」の条件

——これからの人材戦略と教育のあり方

「個人」が莫大な富と雇用を生む時代

第1章では、ICT（情報通信技術）時代のネットワーク社会で企業が成長していくには、AI（人工知能）やロボットにはできない創造的な仕事をして組織に貢献できる人材を発見し育成しなければならない、と述べた。では、そこで求められる具体的な人材像や能力とはどのようなものかを考えてみたい。

そもそも21世紀は〝人材改革〟の時代である。なぜなら、20世紀はまず「国家」ありきで、次が「地域」、続いて「会社（組織）」、最後が（労働力としての）「個人」という順序だったが、21世紀はそれが逆さまになり、「個人」や「会社」が国よりも大きな存在になったからである。

たとえば、アップル創業者のスティーブ・ジョブズ、マイクロソフト共同創業者のビル・ゲイツ、アマゾン創業者のジェフ・ベゾス、ファストファッションブランド「ZARA」などを展開する世界最大のSPA（アパレル製造小売）企業インディテックス創業者のアマンシオ・オルテガ、世界最大の家具量販店イケア創業者のイングヴァル・カンプラードら、一人の個人が世界中で莫大な富と雇用を生み出している。

また、アマゾンや中国のジャック・マー（馬雲）が創業したアリババグループ（阿里巴巴集団）のeコマース（電子商取引）の年間取引額は、世界の大半の国のGDPを上回ってい

図表5 世界の時価総額の上位は米国・中国のIT大手企業が占めている

世界の時価総額トップ企業の変遷（2007-2017年）　（網掛け）…IT企業

2007年5月末　（10億ドル）

1位	エクソンモービル（米）	468.5
2位	GE（米）	386.6
3位	マイクロソフト（米）	293.6
4位	シティグループ（米）	269.5
5位	ペトロチャイナ（中）	261.8
6位	AT&T（米）	254.8
7位	ロイヤル・ダッチ・シェル（英蘭）	240.8
8位	バンク・オブ・アメリカ（米）	225.0
9位	中国工商銀行（中）	223.3
10位	トヨタ（日）	216.3

〈参考〉国内上位3社

1位	トヨタ	216.3
2位	三菱UFJ	127.9
3位	みずほFG	84.1

2017年11月末　（10億ドル）

1位	アップル（米）※	882.3
2位	アルファベット（米）	714.8
3位	マイクロソフト（米）	649.3
4位	アマゾン（米）	567.0
5位	フェイスブック（米）	514.9
6位	テンセント（中）	479.9
7位	バークシャー・ハサウェイ（米）	477.7
8位	アリババ（中）	447.9
9位	ジョンソン&ジョンソン（米）	374.3
10位	JPモルガン・チェース（米）	362.7

〈参考〉国内上位3社

1位	トヨタ	187.9（40位）
2位	NTT	107.8
3位	NTTドコモ	100.5

※10周年記念モデル「iPhone X」発売日の11月3日に一時9000億ドル（約102兆7000億円）に到達

資料：日本経済新聞 2017年6月2日付、180.co.jpより作成　©BBT大学総合研究所

る。そのアリババを時価総額で抜いたポニー・マー（馬化騰）率いるテンセント（騰訊）は、SNS（ソーシャルネットワーキングサービス）やゲームの体裁を取りながら実質的には金融や商流を取り込んでしまった。世界の時価総額は、アメリカと中国のIT企業が上位を占めている（図表5）。

アメリカでは、ブライアン・チェスキーとジョー・ゲビアが創業した民泊仲介サイトのエアビーアンドビー（Airbnb）や、トラヴィス・カラニックとギャレット・キャンプが創業したスマートフォンによるタクシー配車サービスのウーバー（Uber）は、創業後わずか数年で世界化して推定時価総額が数兆円に達し、今なお成長を続けている。

つまり、21世紀は傑出した個人とその会社が経済を形成し、それを擁する地域、国家が繁栄し、世界を変えていくのである。言い換えれば、経済に対する「国家」の役割や影響力が20世紀より非常に弱くなっているのだ。前章でも、自動運転車を自作したジョージ・ホッツらを例に「世界をひっくり返すたった一人の天才」について書いたが、そういう傑出した人材＝エクセレント・パーソンをいかに生み出すか、発見するかということが、いま問われているのである。

「語学力」「統率力」「構想力」

そういう時代に求められる優れたリーダーの条件とは何か？

一つ目は「語学力」だ。この問題は私がこれまで何度も述べてきたので耳タコの読者もいるかもしれないが、日本語以外で日本語と全く同じようにコミュニケーションが取れて、遜色なく仕事をこなすことができるネイティブ並みの基幹言語(英語や中国語など)を、少なくとも一つは身につけていなければならない。

しかし、それは今の文部科学省の〝日本語を外国語に、外国語を日本語に翻訳して理解する〟という明治時代のままの語学教育では不可能だ。文科省とは違う実践的な方法で教えている学校で数年間、性根を据えて学ぶ必要がある。北欧、ドイツ、台湾などではできているから、気合を入れれば日本でもできるようになると思うが、周囲に見本となる事例が少ないので、かなり意識的かつ自発的にやらなければならない(語学力の養成法については後に詳しく解説する)。

二つ目は「リーダーシップ(統率力)」だ。日本は第二次世界大戦に対する過度な反省から、独裁者とリーダーを混同して戦後長らくリーダーシップを否定し、フォロワーシップ(リーダーを補佐する能力)や空気を読んで周りの人たちと仲良くやっていく協調性を重んじてきた。だが21世紀は、おおむね同じ方向に向かってスピードと程度で勝負した20世紀と異なり、今までと違う新しい方向を出し、それに向かって一緒にやってくれる人の輪を広げていく能力、すなわち個人の持つリーダーシップが極めて重要なのである。

そして、そういうことを現在のグローバル社会の中で日本人以外の人たちともやろうと思ったら、日本語以外の基幹言語でもリーダーシップを振るえなければならないので、前述レベルの語学力が不可欠になってくる。つまり、リーダーシップと語学力は21世紀にはワンセットなのである。

三つ目の条件は「構想力」だ。20世紀は、いわば〝パクリ（模倣）〟が経済成長の源泉だった。日本も欧米に追いつけ追い越せで、欧米が開発した新しい技術を必死にパクることによって成長してきた。言い換えれば、欧米に〝答え〟があって、それに到達すればよかった。

しかし、21世紀は答えのない時代だから、パクリではなく、ゼロから構想して今までとは違う新しい方向を見いださねばならない。

しかも、目に見えないデジタル新大陸の中で構想して新しい境地を開拓しなくてはいけない場合も多い。従来の延長線上で努力しても無理、ということになる。

ゲームアプリを活用した学習も

この構想力は、ビジネスの現場でしばしば求められる非常に重要な能力なのだが、実践的語学力やリーダーシップと同じく、文科省の学習指導要領の中にそれを鍛える教育課程はない。しかし、実は構想力は、真剣に練習を重ねれば、けっこう身につくものである。

たとえば「ビジネス・ブレークスルー（ＢＢＴ）大学」の私の授業では、学生たちの構想力を鍛えるために「大阪を世界の一流都市にするためには、どうすればよいのか？」といった課題を出したりしている。

最初はみんな思案投げ首の体《てい》だったが、「大阪城をニューヨークのセントラルパークに見立てる」とか「中之島などの水辺をフランス・ストラスブールのように生かす」といったヒントを与えると、「都心部に高級住宅街を造って住環境が充実した街にする」という構想が出せるようになる。同様の練習を「築地市場の跡地をどのように活用するか？」などの課題を与え、「21世紀の24時間都市」のようなヒントを出して訓練していけば、構想力は次第に磨かれていくのである。

この授業は今のところ、BBT大学のオンライン学習用ソフトウェア「エア・キャンパス」で行なっているが、これをさらに進化させるとすれば、AIを活用し、さらにVR（仮想現実）やAR（拡張現実）の技術なども全部組み合わせて、学生たちがどんどん自分で構想を膨らませるようにする、という方法が考えられる。いわばスマホゲームの「ポケモンGO」のようなアプリなどを応用して、児童・生徒・学生が自ら学ぶ「アクティブ・ラーニング（能動的学習）」の実践である。

アクティブ・ラーニングという考え方自体はすでに文科省の審議会などでも提唱され、学校教育でも取り入れられているが、単に子供たちが受け身ではなく主体的に学ぶ学習法という意味で使われることが多い。しかし、構想力というのはまだ誰も考えたことのないものを生み出す力だから、あらかじめ答えが書かれている学習指導要領とは本来、相容れないものだ。そもそも子供たちの構想力を引き出すためには、教師側にそれを促す力量が必要になるが、それが今の日本の教師たちにあるかどうか、甚だ疑問である。

キーフレーズは「What if?」

むしろアクティブ・ラーニングは、AIなどを組み込んだ創作ゲームの形でやったほうが効果があるのではないかと思う。わかりやすい例で言えば、多くのRPG（ロールプレイングゲーム）では、自分で選択して次のドアを開けると、全く別の運命が待っている。これは人生そのものであり、そこでのカギは英語で言うところの「What if……?」（もし……だったらどうするか?）である。

たとえば、もしコロンブスがイタリアのコルシカ島で生まれて海洋都市ジェノバで育ったのではなく文化の中心地ローマで生まれ育っていたら……と考えることによって頭は柔軟になり、先人が考えたことのなかった新しい空間に行くことができる。つまり「What if?」と考える練習を何回も何回も繰り返すことによって無から有を生む構想力が身につくのだ。ここでさらにAIを活用すれば、能力レベルごとの細やかな学習も容易になるだろう。

21世紀に成功してリーダーになるための条件である「語学力」「リーダーシップ」「構想力」は〝三位一体〟なので一つでも欠けたら意味がないし、子供たち一人一人の能力や学習の進捗《しんちょく》状況に応じてテーラーメイドで行なわなければならない。

だが、そういう教育は、文科省はもとより、「ゲーム禁止」「スマホ禁止」などと言っている教師や親にはできないだろう。したがって、このカリキュラムは学校や家庭から隔離し、ゲーム業界をはじめとするサイバー社会の中で作り上げていくしかないかもしれない。それでは限界があると言う人もいるだろうが、それこそが21世紀型の人材育成に求められている新たな「現実」なのである。

〝人材大国〟イスラエルと台湾に学ぶ

そんな中で注目すべきは〝人材大国〟のイスラエルと台湾だ。

アメリカのシリコンバレーでIPO（新規公開株式）まで行った会社の創業者を出身国の人口に対する割合で見ると、最も多いのはイスラエルで、次が台湾、そしてインド、旧ソ連・東欧系と続く。よくシリコンバレーは「IC（インド&チャイナ）バレー」と言われる。たしかに絶対数ではインド人が最も多いが、人口比だと「I」は圧倒的にイスラエル人なのだ。また、アメリカの統計では中国人も台湾人もチャイニーズと書いてあるから中国人が多いと思われがちだが、実は「C」のほとんどは中国人ではなく台湾人である。

なぜイスラエルと台湾が、小国ながらそれほど優秀な人材を輩出できるのか？

イスラエルの強さの秘密は、まず「家庭」にある。ユダヤ人の家庭は、何よりも教育とお金を重視する。とくに教育に関しては親の力の入れ方が半端ではなく、「知力で勝つ」という考え方が強く根付いている。それはおそらく民族存亡の機に直面し、国家の存立を脅かされてきた歴史の中で、頭さえ良ければ、どのような領域でも一芸に秀でてさえいれば、世界のどこでも生きていけるということを、痛いほど経験してきたからだろう。学者や研究者、ジャーナリズム、金融系、さらには音楽をはじめとする芸術の分野でユダヤ系の傑出した人材が多いのは、そうした家庭における教育重視の賜物だと思う。

もう一つの強さの秘密は「徴兵制」だ。イスラエルの場合、同国在住のユダヤ人（ユダヤ教徒）とイスラム教ドゥルーズ派教徒は、国籍に関係なく男女とも兵役義務がある。満18歳で男は3年、女は2年の兵役に服さなければならない。

ただし、とりわけ優秀な人材は前線の部隊ではなく軍事研究機関に配属され、そこでビッグデータ関連やデータマイニング技術、ＡＩといったＩＣＴの最先端軍事技術の研究に取り組む。そして、そういう人材の中には、兵役を終えると軍で培った技術や研究成果を基に起業する者が少なくない。投資家は彼らの会社がレベルの高い技術を有していることを知っているから、起業する際にシリコンバレーでプレゼンテーションをすると、たいがい人気を集め、すぐに資金が集まるのだ。

イスラエルとよく似ているのが台湾である。台湾も徴兵制があり、満19歳以上の男は4か月の兵役（もしくは奉仕活動）に服さなければならない。ただし、大学院でＩＣＴなどエンジニアリング関連の修士号を取得すると、兵役が免除される。だから台湾の優秀な人材は徴兵逃れのためにアメリカの大学院に進学し、シリコンバレーで起業するケースが多いのである。

しかも、台湾は二重国籍を認めているため、優秀な人材はアメリカ、カナダ、オーストラリアなどの国籍を取得し、ユダヤ人と同じく世界のどこでも生きていけるように備えている。それが中国の脅威にさらされている台湾人の「知恵」なのだ。

注目の日本人イノベーターはゼロ?

そういう背景があるため、台湾はヤフー共同創業者のジェリー・ヤンや半導体受託生産世界最大手TSMC（台湾集積回路製造）創業者のモーリス・チャンら傑出した起業家を多数輩出し、企業も強い。周知の通り、シャープは鴻海《ホンハイ》精密工業の傘下になったし、携帯電話業界の日本企業は「低価格スマートフォンの仕掛け人」とされるメディアテック詣《もう》でを余儀なくされている。いま自動車の自動運転技術で世界を二分しているのが、イスラエルのモービルアイと台湾出身のジェンスン・ファン（黄仁勲）がシリコンバレーで起業したエヌビディア、というのも興味深い。そしてシリコンバレーでの起業人材の多さでも、人口が日本の5分の1の約2355万人でしかない台湾のほうが、はるかに上なのである。

また、インドや旧ソ連・東欧系の優秀な人たちは、国の貧しさからアメリカに移住して、本人や子供が起業するというパターンだ。グーグルの共同創業者セルゲイ・ブリンは、その好例である。

これらの国々は、いずれも自国の将来に対する危機感が世界で戦っていける優秀な人材を生み出しているわけで、それに比べると、どっぷりとぬるま湯につかり続けている日本（およびその家庭）が、いかに21世紀〝人材改革〟の波から取り残されているかわかるだろう。

それを象徴しているのが、ＭＩＴ（マサチューセッツ工科大学）が発行する『ＭＩＴテクノロジーレビュー』の「35歳以下の35人のイノベーター」という特集だ。

これは毎年、ＭＩＴが世界的に注目される若き革新者を35人選ぶもので、たとえば２０１６年版では、そのうち９人を台湾・シンガポールを含めた中国系が占める一方、日本人はゼロだった。日本では、過去の業績に対して贈られるノーベル賞にばかり注目が集まるが、最先端のテクノロジーを研究する優れた若手の人材不足は、もっと問題視されるべきだと思う。世界の大学ランキングで東京大学をはじめとする日本の大学が低迷しているのも、その証明の一つにすぎない。

もとより「国家百年の計」は人を育てることである。それは明治政府も、終戦直後の日本政府もよくわかっていた。だから明治時代は富国強兵や殖産興業、戦後は加工貿易立国のための規律正しく平均値が高い人材を数多く育成することに力を注いできた。

しかし、21世紀のＩＣＴ時代は、個人が国家を超えるような経済を形成して莫大な富と雇用を生み出すようになる。そのため、「平均値が高い人材を数多く」ではなく、「数は少なくても傑出した人材」を育成しなければならない。ところが、日本の教育は20世紀の工業化社会のままであり、世界の先進国から50年以上遅れてしまっている。

日本が取り組むべき「三つの改革」

今後、日本が21世紀の世界で活躍できる人材を輩出するためには「三つの改革」が必要だと思う。

一つ目は、国が〝これから求められる人材〟の明確なイメージを持つことだ。それには、前述したイスラエルや台湾、あるいは北欧の教育が参考になる。これらの国に共通しているのは「世界をひっくり返す天才」や「世界のどこに行っても通用する人間」「尖った人材」をつくる教育を行なっていることだ。21世紀の教育は、そういう人材をいかにして輩出するかがカギになる。

したがって、運動会の徒競走で順位を付けない、などという日本の教育の〝悪平等〟は排除しなければならない。文科省の学習指導要領に縛られない自由な教育を広め、能力がある人材には特例も認めて、不平等だの不公平だのと言わせないようにすべきである。そもそも、文科省が定めた一つの学習指導要領に日本中が従う、という全体主義的な発想そのものがずれていることに気づかねばならない。

二つ目は、家庭教育の改革だ。日本の親の多くは子供に「先生の話をよく聞きなさい」と諭し、隣の子供が進学塾に通い始めたら自分の子供も入れようとする。20世紀の教育システムの中で周りより遅れさせまいと必死になっているのだ。

しかし、イスラエルや台湾や北欧の家庭教育は全く違う。隣近所はどうでもいいから、とにかく人より抜きん出て競争に勝て、と教える。英語で言うところの「sink or swim」（溺れたくなかったら泳げ）である。

日本にも「かわいい子には旅をさせよ」「獅子の子落とし」という諺があるのに、それがいつの間にか忘れ去られてしまった。子供は甘やかさず外の世界に出して、荒波にもまれる経験をさせることが重要なのである。

そして三つ目は、企業側の責任である人材採用・評価・給与システムの改革だ。大半の日本企業は大学新卒者を4月に同じ初任給で一括採用し、最初のうちはエスカレーター式に昇進させている。だが、そういう均等なシステムはもうやめて、いつでも世界のどこからでも傑出した人材を高い給料で個別採用するようにしなければならない。いま多くの日本企業が行き詰まっているのは、21世紀に対応できる優れたリーダーがいない上、自分の会社や業界しか知らない視野の狭い社員ばかりだからである。この閉塞状況を打破するためには〝異邦人〟を入れて世界標準を知り、社内に嵐を起こさねばならないのだ。

人材育成のキーワードは「見える化」

日本企業の場合、一般的には入社後10年ぐらいまではどちらかというと非定型業務より定型業務のほうを多くやらされ、決まった仕事をそつなくこなすことが評価される。それから徐々にクリエイティブな仕事や、業務全体を見通してマネージする仕事を任されるわけだが、それでは遅すぎる。なぜなら、これから多くの会社の運命は非定型業務の社員の能力次第で決まるからだ。

いま多くの日本企業が必要としているのは、従来よりも効率的で質の高い仕事のやり方を考えられる人材、どうすれば会社を窮地から脱出させられるか、あるいはさらに大きく成長させられるかといったことについて、答えを出せる人材である。そういう人材を厳選採用し、残る定型業務はアウトソーシングやコンピューター化すべきなのである。

では、そのような人材はどうすれば育てられるのか？　私が考えるキーワードは「見える化」だ。

もともと日本人は、スポーツや音楽、バレエなど目標や理想が「見える化」できる分野では世界トップレベルの人材を輩出している。それと同様に、非定型業務のホワイトカラーの分野でも、手本とすべきロールモデルや、より良いやり方のソリューションを「見える化」すればよいのである。

社員の採用・育成で「見える化」に成功した日本企業を挙げるなら、リクルートとサイバーエージェントだろう。リクルートは、かつては32歳（現在は38歳）定年制で、その時点で1000万円をもらって独立するか、会社に残るなら自分で食い扶持《ぶち》を見つけてこいというシステムだ。このシステムがあるからリクルートは成長し、出身者が様々な業界で活躍しているのだ。

サイバーエージェントもそれに近いスタイルの「新卒社長」という制度がある。新卒で入社した社員の中から将来有望だと判断した人材を、非常に早く（最短は採用内定時点で）子会社の社長＝イントラプレナー（社内起業家）に抜擢しているのだ。この制度によって、サイバーエージェントは続々と新しい事業を生み出すことができている。

こうしたシステムは、実は〝世界標準〟である。これまで当たり前だった終身雇用や年功序列、定期昇給は日本だけの悪しき慣習だ。いわゆる日本的経営が、ピーター・ドラッカーに褒められすぎて未だに存続していること自体がおかしいのである。

鍵を握る「プログラミング能力」

会社を窮地から脱出させられる人材、あるいは従来よりも効率的で質の高い仕事のやり方を考えられる人材を育てるためのキーワードは「見える化」だと述べたが、実はこの「見える化」というのは非常に重要なキーワードで、採用や育成についてだけでなく、開発や構想を練る上でも武器となる〝世界標準〟の能力である。

たとえば、グーグルのラリー・ペイジやフェイスブックのマーク・ザッカーバーグ、テスラのイーロン・マスクら、世界で時価総額トップ10に入るような巨大企業を生み出した起業家たちの共通項は、プログラミングという「見える化」していく分野で子供の頃から頭角を現わしていたことである。もちろん、プログラミング能力は十分条件ではないし、単なるコーディング能力（設計書や仕様書を基にコードとして記述していく作業）の問題でもない。プログラミングは、リアル社会とサイバー社会を結ぶ道具であり、「こういうことができたらいいな」と頭で考えたことを実現する手段だが、それを駆使して自分の構想を「見える化」することに意味がある。

一例として、100人の顧客を抱えている営業マンが、どの顧客を、どれくらいの頻度で、どんなルートで回ったら最も効率が良いのか——ということを考えるとしよう。プログラミングができない人は、自分の経験や勘に頼るしかない。

一方、プログラミングができる人は、顧客データをインプットしてAIに最適解をアウトプットさせることができる。つまり、答えを導き出すプロセスを「見える化」し、その先を見通すことができるのだ。さらにフェイスブックなどのネット上で見つけられる当該顧客の情報を訪問計画に連動させて取り込めれば、インパクトのある営業トークを繰り出せる。この差は極めて大きい。

プログラミングができる能力とコンピューターを使える能力は全く違う。プログラミングができる人は新しいものを自分で生み出すことができるが、コンピューターを使えるだけでプログラミングができない人は、誰かが作ったプラットフォームに乗っかるしかない。プログラミングができるということは、画家が絵を描いたり作曲家が音楽を書いたりするのと同じく、頭の中にある新しいシステムを現実に創り出していく能力なのである。だから、これからのサイバー社会においては、プログラミングができるかどうかが人生の分かれ道、と言っても過言ではないのである。小学生時代から母国語のごとくプログラミングに習熟し、高校を卒業する頃には企業から仕事を頼まれるくらいのレベルになるのがベストだ。

安倍首相や文科省は「教育勅語」を教材として使用することを否定しないとする閣議決定を出したり、アナクロな道徳教育を強化したりしている。そんな時代錯誤なことに力を注ぐよりも、これからは日本語と、英語などの外国語、さらにプログラミング言語を加えた「トリリンガル」を目指す教育にシフトすべきである。それは２０２０年度から小学校で必修化されるプログラミング教育より、はるかに高度なレベルでなければ意味がない。

「見える化」の達人――立石一真

優れた起業家や経営者というのは、小さい頃からそういった発想で物事を見る癖がついている。

たとえば、シスコシステムズのジョン・チェンバース前会長。彼自身はプログラミングが得意ではなかったが、新しい仕掛けを生み出す能力が卓越していた。わかりやすい例では、納品した機器が壊れたらサービスマンを派遣しなくてもネット経由で修理できるシステムや、社員の出張経費精算をカード会社のアメックスに委託して間接業務とコストを大幅に削減するシステムなどを構築した。そうした改革によって売上高を40倍に伸ばしたのである。

そういう〝絵〟が描けるかどうか、すなわち頭の中の考えを「見える化」できるかどうかで企業の将来は決まるのだ。「見える化」できさえすれば、今はＩＣＴによって、ほとんどの発想が実現可能だからである。チェンバースも、退任を前にした最後の基調講演で「インターネット・オブ・エブリシング（ＩｏＥ／※）だ」と強調している。

※ＩｏＥ（Internet of Everything）／「すべてのインターネット」と訳される。パソコンやスマホなどのＩＴ機器にとどまらず、日用品など様々なモノがインターネットにつながり情報を送受信する仕組みをＩｏＴ（Internet of Things＝モノのインターネット）と呼ぶが、ＩｏＥは、モノだけでなく施設やサービスなども含めた概念とされる。

そのチェンバースよりもはるか以前に、やはり自分の頭の中を「見える化」しようとしていた日本の経営者がいる。オムロン創業者の立石一真《たていしかずま》さん（１９００‐１９９１）だ。

立石さんは、立石電機製作所（現オムロン）を１９３３年に創設。60年に２億８０００万円を投資して中央研究所を設立し、センサーが感知した信号をプロセッサーを介してアクチュエーター（油圧や電動モーターによってエネルギーを物理的運動に変換する装置）につなげる技術で自動販売機や紙幣両替機、キャッシュディスペンサー（現金自動支払機）、ＡＴＭ（現金自動預金支払機）などのオートメーション機能機器を次々に開発していった。

これらすべてを立石さんは「サイバネーション革命」と呼んでいたが、いま世界を席巻しているＩｏＴの技術や概念は、パケット通信網の中でセンサー、プロセッサー、アクチュエーターが無限につながっていくというだけの話である。立石さんは50年以上も前にＩｏＴや

ＩｏＥの本質を理解し、サイバー社会の到来を予見していたのである。

「機械にできることは機械に任せよ」

さらに、立石さんは交通渋滞の「見える化」にも取り組んだ。無接点技術と自動販売機で開発したコンピューター技術を駆使し、車両検知器や車の通行量によって信号機の時間をコントロールする電子交通信号機などを開発したのである。駅の自動券売機や自動改札機も、最初に開発したのはオムロンだ。

実際、当時オムロンの経営コンサルタントだった私と立石さんの対話から、多くのアイデアや特許が生まれた。立石さんは、お金、商品、車、通勤客など、動いているものはすべて商売のタネになるという発想で、次から次へと私に質問を浴びせてきた。それに私が答え、さらに立石さんが疑問点を質問するという問答を繰り返すことで、様々な新製品が誕生したのである。

一例は、コンビニのクローズド・キャッシュレジスターだ。かつてコンビニでは、売り上げとキャッシュレジスターの中の現金が一致しないことがよくあって夜勤明けなどの引き継ぎに時間がかかり、大きな問題になっていた。そこで私がキャッシュレジスターをクローズドにすることを提案した。つまり、お金を入れたらお釣りとレシートだけが出てくるという仕掛けである。原理はＡＴＭと同じだから、キャッシュレジスターもＡＴＭも製造しているオムロンなら、すぐに開発できると考えたのである。

あるいは、空港のカウンターでチェックインした乗客が搭乗時間になってもゲートにやってこない、という問題の対策も考えた。搭乗券と一緒にトランスポンダー（無線中継器）を渡して乗客が空港のどこにいるかわかるようにし、トランスポンダーは搭乗ゲートで回収する、というシステムだ。このアイデアは、今は携帯電話で簡単にできるようになっている。

立石さんに会うと、いつも朝から晩まで質問攻めだったが、そのおかげで私たちは山ほど特許を取ることができたのである。

「機械にできることは機械に任せ、人間はより創造的な分野で活動を楽しむべきである」

かつて京都・御室（オムロ）にあったオムロン本社の入り口に刻まれていた立石さんの経営理念である。これはまさにクラウド、モバイル、ＡＩ隆盛のＩｏＴ／ＩｏＥ時代にすべての企業が銘記すべき思想だろう。

社員50人分の間接業務が一人で可能に

これまで解説してきたように、ホワイトカラーの仕事を定型業務と非定型業務に分け、定型業務は標準化してアウトソーシングするかＡＩに置き換えることで、日本企業の生産性を高めることが可能になる。それはまさに、立石さんが言っていた「機械にできることは機械に任せよ」という思想に通じるものだ。そして今では、クラウドコンピューティングやクラウドソーシングを活用すればすぐにできる。

その象徴が、2013年に創業したスキャンマンという新興企業だ。主な事業はその名の通りスキャン代行。すなわち、社員が顧客の自宅やオフィスまで出向き、名刺や領収書、契約書などをスキャンしてデジタルデータ化する派遣型スキャン代行サービスである。

この会社は、今の日本ではある種の革命児的な存在だと思う。なぜなら、同社が採用しているようなクラウドサービスを全面的に活用すれば、定型的な間接業務の生産性を飛躍的に高めることができるからだ。

たとえば、名刺管理は「Sansan」や「Eight」、経理は「freee」や「弥生会計」、契約書は「Agree」や「CLOUDSIGN」、データ入力は「AI inside」などのバックオフィス効率化ツールを導入する。これらは、クラウドで運用するためコストが安く、かつ社員がパソコンやスマホから自由にアクセスできるので「いつでも、どこでも、誰でも」使えて、バックアップもクラウド上に確保できる、という仕組みである。

実際、派遣型スキャン代行サービスという労働集約型ビジネスを展開している同社自身、外部のクラウドコンピューティングとクラウドソーシングを使いまくることによって、顧客のところに派遣する社員50人の間接業務を、たった一人のスタッフでバックアップしている。従来の日本企業の場合、50人の営業スタッフがいる会社で本社機構やサポートスタッフに100人くらいの人員を割いていることもあるが、それが「社長+一人」で事足りてしまうというのは、実に画期的な仕事のやり方なのである。

属人化させないのがポイント

具体的には、電話対応はIP電話アプリの「050plus」、メール対応は「Gmail」、タスク管理・シフト調整は「Trello」、社員同士の連絡は「LINE」、決済は「Square」や「NP後払い」、請求書作成は「Misoca」、出張・経費精算は「Concur」、経理入力は「MerryBiz」……といった具合に、廉価に提供されているクラウドサービスを組み合わせて仕事をこなしている。これらのサービスを駆使した同社のトータルコストは、月額わずか数十万円だという。その安さには私も仰天した。同様のシステムを大企業が導入すれば、おそらく間接部門のコストは億単位で即座に削減できるだろう。

このように、今や間接業務のほとんどはクラウドを活用すれば、社員一人一人が自分で簡単にできる時代になっている。言い換えれば、間接業務の生産性を高めるポイントは最初から間接業務を専門とする部署や社員を作らないことである。

つまり、従来のように総務、経理、秘書などの間接業務の社員がいる企業では、クラウドサービスを導入して効率化しようとしても、既存部署の抵抗が強いため、切り替えることが非常に難しい。したがって、クラウドシステムをゼロから作り、それを導入した時点の新入社員から全面移行したほうが手っ取り早いのである。

また、「属人化させない」ことも重要なポイントだ。今はクラウド活用によって「いつでも、どこでも、誰でも」自由に情報にアクセスできる環境の下で、クリエイティブな非定型業務に就く社員がいかに成果を上げるかが問われている。その中では、一人の社員の不在や非効率が全体の生産性を大きく下げるような事態は避けなければならない。

個人の知識や経験をどう共有するか

組織において個人の知識や経験をどう共有して活用するかということをめぐっては、一橋大学の野中郁次郎教授らが考案した「ＳＥＣＩ（セキ）モデル」がよく知られている。

これは、個人が得た知識や経験を引き出す「共同化」↓対話や分析を通じて知識を言語や図表で共有しやすい形に変える「表出化」↓知識を組み合わせて文書などで体系化する「連結化」↓知識を具体的な製品やサービスの形で市場に投入する「内面化」というプロセスから成る。この四つの手順を経ることによって、個人が持つ「暗黙知」を「形式知」に変換して組織や集団における知識の共有化、明確化を図り、作業の効率化や新発見を容易にしようとするナレッジマネージメントの基礎理論である。

こうした手法を積極的に取り入れて知識や経験の属人化を避け、クラウドで共有することが、これからの企業には必須となってくる。

ただし、それはむしろ自社内だけで完結するのではなく、リンクトイン（ＬｉｎｋｅｄＩ

ｎ）のようなビジネスＳＮＳや、海外の人材に仕事を直接依頼することができるアップワーク（Ｕｐｗｏｒｋ）などのクラウドソーシングサービスを活用し、世界中のプロフェッショナルとつながって共有化していくべきである。研究開発の分野でさえもナインシグマやイノセンティブに委託する。そのほうがポテンシャルが高い上にコストが安い、というケースがほとんどだからだ。

たとえば、ＩＣＴで世界の先頭を走っているアメリカのサンフランシスコ・ベイエリアやシアトル、カナダのバンクーバー、中国の深圳《シンセン》、シンガポール、フィンランドのヘルシンキ、ＵＡＥ（アラブ首長国連邦）のドバイやアブダビといった〝ホットスポット〟とつながれば、世界中の優秀な人材に加勢してもらえる。システム開発は、従来のインドやフィリピンのほか、ベラルーシのイーパム（ＥＰＡＭ）システムズなど東欧圏の助力も得られる。

このように見てくると、未だに間接部門で定型業務だけをこなす社員を大量に抱えている旧態依然の企業や、全国各地で同じような仕事をしている１７００余りの地方自治体がいかに遅れているか、ということがよくわかるだろう。

政府は「働き方改革」を標榜しているが、本当にクラウドコンピューティングとクラウドソーシングを駆使して、日本人の業務すなわち「働き方」を改革したら、人はほとんどいらない、ということになる。

自社に必要な人材は「青田買い」すべし

何度も変更を繰り返していた就職活動の「解禁」時期も、ようやく6月スタートで落ち着きつつあるというが、私に言わせれば、このような慣例自体、全く意味不明かつ理解不能である。こんな議論をしているのは、世界広しといえども日本ぐらいのものだ。しかも、議論で出てくるのはタイミングの問題だけで、企業で役に立たない学生を粗製乱造している大学の本質的な問題については頬かむりをしている。

そもそも、アユ釣りやズワイガニ漁じゃあるまいし、「解禁」という考え方自体が全体主義的・工業社会的な〝前世紀の遺物〟である。新聞やテレビの中には、毎年のように解禁時期が変更になることに苦言を呈し、「新卒一括採用という方法でいいのか、再考すべき」と報道したところもあったが、その一方では採用選考に関する指針を廃止した場合は「青田買いが心配」とも指摘している。

だが、なぜ「青田買い」がいけないのか、私はさっぱりわからない。

たとえば、私の古巣のマッキンゼーでは、青田買いが当たり前だった。ハーバード大学、スタンフォード大学、MITなどのビジネススクール別にその大学出身のリクルーター（採用担当者）を置き、各大学の施設を借りて2年生を対象に企業説明会を開催する。その後のカクテルパーティーには、学生を安心させるため、先生たちにも出席してもらう。そこでリクルーターたちが、あらかじめ目星をつけておいた成績優秀な学生に接触して、青田買いに励むのだ。

日本の場合は「高給アルバイト募集」というリクルーティングシステムを考案して導入した。東京大学など各大学の掲示板で夏休みや春休みに、３年生を対象に「日当１万円・２週間」でアルバイトを募集したのである。当時の日本ではマッキンゼーが何の会社か、まだ誰も知らなかったが、それでも日当１万円という破格の条件だと、それに釣られて大勢集まるのだ。その学生たちに我々が適当に考えた〝頭の体操〟になりそうなテーマを与え、調査・分析の手法やグラフの描き方などを教えてプレゼンテーションをさせる。そうすると「基礎知力」とマッキンゼー向きの「問題解決力」を兼ね備えている人材か否か、すぐにわかるのだ。それが約40年前の話である。つまり、マッキンゼー日本支社は優秀な人材を獲得するために、かつての就職協定があった時代から、その埒《らち》外《がい》で採用活動を行なってきたのである。

ましてや21世紀の企業というのは、自社に必要な人材のスペックを作り、それに適合する人材を（サイバー上を含め）世界中から集めてこなければならない。日本で集められなかったら、集められる国に行かねばならない。ところが、未だに日本企業はハンバーガー店やコンビニなどでマニュアルに従ったアルバイトの経験しかなく、ビジネスに必要なスキルは何も勉強していないような日本の大学新卒者を毎年一括採用している。これは企業にとっては自殺行為だ。

前述したように、今のボーダレス経済の時代は、一人の天才が莫大な富と雇用を生み出す時代である。だから欧米企業は採用に多大な時間をかけて一人一人の〝物語〟を問い、吟味に吟味を重ねている。また、インド工科大学（ＩＩＴ）やインド経営大学院（ＩＩＭ）には、優秀な人材を求めて米シリコンバレーの企業の採用担当者が殺到し、門前市をなす状態になっているのである。

「学業に専念」して何を学んだのか？

マスコミや大学は「青田買い」が横行すると、「学業の妨げになる」「学生は学業に専念させるべきだ」と言う。だが、日本の大学の講義は、休まず真面目に履修しなければならないほど高いクオリティを維持できているのだろうか？　私にはとてもそうは思えない。

昔の大学は出欠を取らない講義も少なくなかったが、最近の大学では出席率が重視される。つまり、どれほどつまらない講義でも、毎週決まった時間に大学の教室まで来て、おとなしく指導に従う人間を育成しようとしているわけだ。しかし、これからの日本にとって必要な人材とは、本当にそういう人間なのか？

私自身、いま振り返れば、人生で役に立ったのは大学で勉強したことではない。早稲田大学でオーケストラに入り、高いクラリネットを買うために英語を勉強して通訳案内士の資格を取り、大学の講義を欠席して外国人観光客のガイドのアルバイトに精を出したことである。その結果、英語で書いた修士論文を送ったらＭＩＴの博士課程に合格し、留学することができた。さらにＭＩＴではガイドで培った引率力（リーダーシップ）でクラス委員とアメリカ原子力学会の支部長を務めることができた。マッキンゼーでも英語とリーダーシップが大いに役立った。つまり、私の人生は、大学の外で培ったガイド時代のスキルと経験によって成り立っている、と言っても過言ではない。問われるべきは何をどう学んだかであって、数字や形式ではない。

その上、現在のネット社会では、学び方も働き方も「いつでも、どこでも」の時代である。オンラインでつながっていれば、時間も空間もボーダレスなのだ。そういう時代に大学が学生を教室に集めて出欠を問うのは、まさに時代錯誤だ。

企業の側も採用活動で、会社に入ってから何の意味もない大学のブランド（偏差値）や成績や出席率ではなく、リーダーシップや創造力、発想力などを重視するようになれば、おのずと学生たちはそこを強化しようとするし、大学教育のあり方も変わるはずだ。これは個々人の履歴をつぶさに調べ、問答を繰り返すことによってしかわからない。リーダーシップやユニークな発想の萌芽は、精査すれば見つけることができる。

今の日本の就活は、昭和30年代の集団就職の時代から、あまり変わっていない。世界の潮流から企業は20～30年、大学は50～１００年遅れていると思う。企業と大学が手を取り合って、あえて世界の潮流から取り残されようとしているようなものだ。企業も大学も、そろそろ「新卒一括採用」の恐ろしさに気づき、中学生から35歳くらいまでを対象に、個別の条件・給与で採用すべきである。

優秀な人材は高待遇で評価する

たとえば私は、やはり今から40年前にマッキンゼーで社員を採用する際、ＭＢＡ（経営学修士号）や博士号を取得してすぐコンサルタントとして通用するような30歳前後の優秀な人材は初任給を年１２００万円に引き上げた。当時の日本では破格の初任給だったが、その後、大学新卒者も入社６年後まで生き残って一人前のコンサルタントになれば同額を支給する給与体系にした。優秀な人材は、その働きに見合った好条件・高待遇で評価すべきだからだ。いま日本中で活躍しているマッキンゼー出身者は、そのシステムで育った人たちである。

日本企業の大学新卒者の初任給は未だに年３００万円前後だが、海外に目を向ければ、世界中で引っ張りだこになっているインド工科大学のトップクラスの卒業生の初任給は年１５００万円だ。グローバル企業の場合、そのレベルの人材を採用しなければ、熾烈な世界競争の中で生き残っていくことはできないのである。逆に言えば、日本の大学ではそれだけの給与をもらえるスキルを身につけられていない、ということなのだ。

だから私は自らＢＢＴ大学を創設して21世紀の世界で通用する人材の育成に尽力しているのだが、そういう人材を輩出できる大学は、国内にはごく少数だ。日本の大学を改革するのは、猫にワンと鳴けというぐらい難しいことだろう。

しかし、海外には私と同じ考え方で21世紀型人材を育成している大学がいくらでもあるから、アンビションのある若者はそこへ行けばよいと思う。それをサポートするために、国が毎年800億円を超えるとされる休眠口座（取引が長期間ないまま放置されている口座）を活用し、将来有望な人材への奨学金制度を創設する、といった方法も大いに検討すべきだろう。

教育は、成果が出るまでに時間がかかる。だから、大学は20年先、小学校は40年先の世の中を見据えた教育をしなければならない。それなのに、文科省が主導する教育改革は、大学の入学時期を4月から9月にするとか、入試を記述式にするとか、小手先の〝変更〟に関することばかりである。

資源のない日本は、人材しか繁栄する手段がない。その危機感を持って根本的な人材改革に取り組まなければ、この国は自滅するしかないだろう。

不毛な「人生100年時代構想会議」

政府も、日本で人材改革が必要とされているという認識は持っているらしい。

2017年秋の総選挙を前に、安倍首相は新たな目玉政策として「人づくり革命」を打ち出した。そして、その具体策を話し合うために経団連会長や連合会長、IT企業を経営する大学生ら「有識者」による「人生100年時代構想会議」なるものを設置した。そのテーマは「教育の負担軽減や無償化と社会人の学び直し」「高等教育改革」「企業の人材採用の多元化と多様な形の高齢者雇用」「高齢者向け給付中心の社会保障から全世代型社会保障への改革」の四つだという。あまりにお粗末でコメントする価値もないが、一言で評するならば、単なる税金の無駄遣いでしかない。

同会議では、議論の中核となる論者として、ベストセラー『ＬＩＦＥ ＳＨＩＦＴ』（東洋経済新報社）の著者でロンドン・ビジネススクール教授のリンダ・グラットンを起用した。グラットン教授は、２００７年に日本で生まれた子供の50％が１０７歳まで生きると予想。その結果、従来の「教育→仕事→引退」という3ステージの単線型人生から、多くの人が転身を重ねて複数のキャリアを経験するマルチステージの複線型人生にシフトするとして、これからは年齢に関係なく知識や技能を身につけるべきだと主張している。

だが、それは当たり前のことであり、私も２００４年に上梓した『50代からの選択』（集英社文庫所収）で、「平均年齢50歳時代」に突入した日本においては、50歳までにサラリーマン生活の棚卸しをして、転職・起業など何をしても食べていける準備をするよう提唱している。ただし、それは個々人がしっかり自分の人生設計をして主体的に取り組めばよいだけの話で、今さら政府が「人生１００年時代」という大仰なスローガンを掲げて企業の人材採用に口を出したり、中高年や高齢者の世話を焼いたりする必要は全くない。

そもそも、40年以上にわたって企業のコンサルティングをやってきた私の経験から言えば、30歳を越えた人間を鍛え直す方法は二つしかない。すなわち、厳しく成果を問うて恐怖のどん底に突き落とすか、金銭的にケタ違いのインセンティブを与えるか、である。それ以外に人は変えようがないのである。心がけや心構えを変えることで本質的に変わったという人を、私は知らない。

また、高齢者や子育てを終えた世代の多くは、それなりに個人金融資産を持っているので、学び直したり、転身したりしたければ自力でやればよい。〝有識者〟なる者を集め、税金をかけて60歳以降の過ごし方を議論してみても始まらない。

人生の勝負は「最初の30年」

逆に言うと、人生で最も大切なのは「最初の30年」である。30歳までにどこまで能力を磨き、どんな経験を積んで自分の可能性を広げられるかで、人生の勝負はほぼ決まるのだ。つまり、「人生100年時代」になろうがなるまいが、これからの日本にとって本当に必要なのは、高等教育の無償化や社会人の学び直しや多様な形の高齢者雇用などではなく、根本的な「教育革命」なのである。

今の日本の教育の最大の弱点は、世界で活躍できる人間が生まれてこないということだ。たとえば、グローバルビジネスの現場で世界の俊英たちと伍《ご》して議論した時に、全く遜色なく自分の意見・考えを主張して賛同を得ることができるかどうか？　英語力が必要なのは当然だが、単にTOEICやTOEFLで高得点を取ればよいというものではない。英語を「学問」として勉強するのではなく「ツール」として身につけ、何人もが集まった会議の場で5分以内に議論のリーダーシップを取れるようにならねばならない。

そして、その力を磨くためには実戦的な訓練を積むしかない。柔道で言えば、相手を代えながら互いに自由に技を掛け合う「乱取り」のようなトレーニングである。柔道家は乱取りを重ねることによって、相手の技に対する防御法や返し技を、頭ではなく体で覚えていく。それと同じように、英語の議論で瞬間的に防御したり、返し技をかけたりできるようにならないと、世界では通用しないのである。そういった教育改革を実現できるか否かで、日本の将来は決まるのだ。

ところが、今の教育行政のひどさは目を覆うばかりである。後述するように、「人づくり革命」で検討されているらしい「大学入試改革」「給付型奨学金」「高等教育の無償化」などは、いずれも一貫した理念のない的外れなものだ。「突出した人材」が圧倒的に不足しているのに、大学を無償化して数だけ増やそうという発想の首相がいること自体が「国難」なのである。

もし、これらの愚策がこのまま実行されたら、無意味で無駄な「人づくり革命」に税金を費消しながら何の成果も出せず、ずるずると財政破綻《はたん》へと向かっていくだけだろう。

文科省「人文系学部廃止」の波紋

2015年6月、文科省は国立大学法人に対し「社会に求められる人材」を育てるために

「速やかな組織改革」を要求する通知を出した。その中で「とくに教員養成系や人文社会科学系の学部・大学院の組織廃止や社会的要請の高い分野への転換」を求めたことが大きな波紋を呼んだ。だが、「社会に求められる人材」というのは、往々にして人文社会科学系の教養にあふれているものである。

実際、欧米では、文学、哲学から歴史、地理、さらに美術や音楽に至るまで、基礎教養的な領域を学ぶ「リベラルアーツ（一般教養）」が、極めて重要視されている。たとえばアメリカには、レベルの高いリベラルアーツカレッジが中西部を中心にいくつもあり、そこを卒業していったん就職し、再び大学院に入ってＭＢＡ、弁護士、医者などの資格を取得する人が非常に多い。

そして私の経験から言えば、グローバルな仕事をする時に最も役に立つのは（もちろん英語などの外国語ができることが前提だが）仕事に関する知識や議論する力よりも「幅広い基礎教養」である。ディナーなどの席で、その国や地域に関する歴史、地理、音楽、美術などについて豊かな会話ができる教養があれば一目置かれ、単なる仕事相手としてではなく、人間同士としての絆が深まるのだ。

だから私は、文科省が先のような通知を出した理由が全く理解できない。対象となった学部・大学院が「社会に求められる人材」を育てられていないとすれば、その原因はあくまで教育の「やり方と学び方」であって、リベラルアーツとしての深さが足りないからだ。

テイラー・スウィフトや村上春樹も教養

本来、リベラルアーツは、教科書的な知識だけを問う学問ではない。歴史や地理を扱うにしても、それが現代とどうつながっているか、自分たちにとってどんな意味があるのか、本質は何なのかが問われる。

もし私が教養課程を教える教授だったら、授業でこんな課題を出すだろう。

▼中南米はスペインやポルトガルに征服されて長らく植民地支配を受けたが、今も多くのスペイン、ポルトガル企業が幅を利かせているのはなぜか？　しばしば中国や韓国で批判される日本企業とどう違うのか？

▼ジョージア（旧グルジア）やチェチェン共和国があるコーカサス地方はなぜ政治的に安定しないのか？　その歴史や地政学的な意味からどう説明できるのか？

▼世界中で人気がある村上春樹が、20世紀後半の日本で登場してきた背景には何があるのか？　やはり海外で読まれている太宰治や三島由紀夫との違いは何か？

▼アメリカ人歌手テイラー・スウィフトが、ツイッターで一言つぶやいただけで、アップル・ミュージックの戦略をひっくり返すことになったのはなぜなのか？

そういった人文系の知識と現代の事象をつなぐような問いの答えを探っていくのも、広い意味でのリベラルアーツではないだろうか。むしろ日本人に欠けているのはリベラルアーツであり、それを軽視するのは大きな間違いだと思う。

〝上から〟の教育は世界に通用しない

そもそも、なぜ文科省が人文社会科学系や教員養成系の要不要を〝上から〟決めるのか？ もし、ある学部や大学院で学生が減ったり定員割れが起きたりしたなら、それは世の中のニーズに合わなくなったということであって、自然淘汰《とうた》されるだけの話である。そこに〝上から〟介入しようとしていること自体、日本の教育の致命的な問題だと思う。

文科省の勘違いぶりを象徴するエピソードがある。国際的に通用する大学入学資格「国際バカロレア（ＩＢ）」をめぐる動きである。

いま文科省は、日本国内でＩＢ資格を取得できる学校を増やそうと躍起になっている。当初、２０１３年に教育再生実行会議が提言をまとめた時点では、ＩＢの認定を受けている学校は16校しかなかったが、それを「２０１８年までに２００校に増やす」という目標を掲げ、国を挙げて推進し始めた。

しかし、国際バカロレア機構（本部・ジュネーブ）から認定を受けるための条件を調べてみると、まず「教科書がある」という時点でマイナス評価となる。つまり、「児童・生徒に一律に教える教科書があるなら、先生は何のために存在するのか？」という教育における本質的な問いかけをしているのだ。

日本はどの学校にも教科書がある。しかも、それを採択する権限は、公立学校の場合はその学校を設置する市町村や都道府県の教育委員会、国立・私立学校の場合はその学校の校長にある。さらに、高校までは先生が文科省の教員資格認定試験の合格者に限られ、授業も文科省の学習指導要領に従って行なわねばならない。つまり、国の資格を取得した先生が、国の作った学習指導要領に従い、教育委員会や校長が決めた教科書を使って教えているわけで、そういう全体主義国家のような教育はＩＢでは論外であり、認められないのである。

これは全く正論だと思う。ＩＢでは、先生は児童・生徒に教科書の中身を説明するのではなく、自分の考え方や哲学を伝えなければならない。したがって、その先生が教科書なしでどんなことを教えられるのか、質問して問題解決に至るまでにどんなプロセスを踏むのか、というようなことが、先生一人ずつテストされるのだ。

「職業訓練」重視も〝小手先〟

要するに、学問というものは、教える分野や教科書の中身よりも「やり方（学び方）」の問題なのであり、それは先生個人のクオリティによって左右されるのだ。学問や科目そのものに問題があるわけではないのである。日本の国立大学の人文社会科学系や教員養成系の学部・大学院に対する社会的要請が低い（社会で役に立たない）とすれば、それは教える側の先生のクオリティが低いからにほかならない。

結局、IB認定校について政府の当初の目標は2016年末に〝改訂〟され、「2020年までに200校以上」と2年先に修正された。それでも、17年8月1日現在の高校の認定校は33校、IBのプログラムを実施している小中学校を含めた全体の認定校も47校にとどまっている。この数字は、文科省の認識がいかに甘いものだったかということを如実に物語っている。

さらに、安倍政権の教育改革では「職業訓練」を重視するという。

職業訓練重視という意味では、私も雑誌の連載や拙著『低欲望社会』（小学館）で、何度となくドイツの職業訓練専門学校の「デュアルシステム」を紹介してきた。それは1週間のうち2日間は学校で理論を学び、3日間は会社に行って実習をするというシステムだ。

そして、会社に入る時は工業系だけでなく事務系も含めた350くらいの様々な職種があり、その中から自分が専門にする一つの職種を選んで、さらに腕を磨いていく。それぞれの職種の中にグレードが1、2、3、4……とあり、ランクが上がるにしたがって給料も上がっていく。最高位の「マイスター」になったら他の会社に移って教えることもできるし、独立開業してもよい――。

この職業訓練とアカデミズムとを分けているドイツ型の教育システムを日本も導入すべきだと私は提言しているが、そのためには非常に緻密《ちみつ》な制度設計が必要となる。ところが安倍政権や文科省は、それを既存の国立大学の組織変更という〝小手先〟でやろうとしている。そんな安易な方法で「社会に求められる人材」など育てられるはずがないだろう。

ギリシャ哲学が日本人を変える

繰り返しになるが、学問で重視すべきは、教える分野や教科書の中身よりも、課題をどう捉え、どのように解決するかというやり方・学び方である。そして、その基本は〝実況中継〟だと私は考えている。つまり、ある現象を見た時に、それを自分の知っている知識で説明しようとするのではなく、より柔軟に考えて実況中継できるかどうか、ということだ。

もう一つの基本は「対話」である。西洋文化においては、ロゴスの世界で証拠を示しながら臨機応変に議論できるかどうかで勝負が決まる。その基礎は「ソクラテスの対話（ソクラテスの問答法）」だ。これは対話を重ね、相手の答えに含まれる矛盾を指摘することによって真理の認識に導く方法で、日本ではなかなか教えられる機会がないが、アメリカのリーダーたちは全員、このソクラテスの対話＝ロジカル・シンキング（論理思考）を学んでいる。

ロジカル・シンキングの基礎は、アリストテレスの論理学であり、A＝B、B＝C、よってA＝Cというロジックを使う。また、全体がAとBから成り立ち、他にモレもダブリもないという論理の組み立てをする。この二つがロジカル・シンキングの真髄であり、世界のどこに行っても通用する論証法である。

実は、ビジネスの現場ではこのロジカル・シンキング＝「ソクラテスの対話」が即、役に立つのだ。「ソクラテスの対話」の論理展開を知っていると、相手がどこの国の人間でも、それによって相手を「その気にさせる」ことができるのだ。だから私は「ソクラテスの対話」、すなわち「論理学」が、教育においては最も重要な学問だと思う。

ところが日本の教育では、論理学はほとんど教えられていない。なぜか?

その理由に、私は最近ようやく思い当たった。結局、明治維新以来の日本は「欧米に追いつき、追い越せ」でやってきた。つまり、欧米に答えがあったから、それを覚えさえすれば自分で考え出さなくてもよかったのだ。しかし、もはやどこにも答えのない時代である。ただ答えを覚えるだけで、論理をゼロから組み立てる頭の使い方ができない人は、社会で役に立たない。答えを自分たちで見つけなくてはならない時代に、答えを覚えるだけだった時代の教育法を使っているところに、日本の教育の根本的な問題があるのだ。

文科省が本当に「社会に求められる人材」「世界で活躍できる人間」を育てたいなら、入試制度や組織をいじるのではなく、論理学を基礎にした〝真の教育体系〟に転換すべきである。

理解に苦しむ「大学入試英語改革」

さっぱりわからないと言えば、文科省が大学入試センター試験に代わって2020年度に始める「大学入学共通テスト(仮称)」もそうだ。

新しい共通テストは、国語と数学は現在のマーク式に加えて記述式問題を3問ずつ出題する。英語は共通試験を廃止して実用英語技能検定（英検）、ＴＯＥＩＣなどの民間試験の中から文科省が認定する試験に移行し、言語能力を評価する国際指標「ＣＥＦＲ」（ヨーロッパ言語共通参照枠）に基づいて6段階で評価した成績と試験の素点を大学に提供するという。「知識偏重から脱し、思考力や表現力を測る入試への一歩」だそうだが、入試の何をどう変えたいのか、どんな学力を測りたいのか、名称案も含めて変更する意図がわからない。

とくに理解不能なのが、英語の試験の民間試験への移行である。もう自分たちには試験問題を作る自信がないから民間に頼るということなのか、それとも他に何か理由があるのか？すでに10前後の民間の実施団体と協議中というが、それぞれの試験によって英語の何を測るのかが違う。たとえば、英検やＴＯＥＩＣは英語そのものを理解しているかどうかを試す。一方、ＴＯＥＦＬは英語コミュニケーション能力を測る。レベルも目的も違うのに、いったいどうやって公平に判定するのだろうか。

そもそも今の文科省の英語教育は、目的がはっきりしない。本気で英語を学校で教えたいのか、教えたいなら何のために教えたいのか、全くわからないのだ。つまり、英会話ができるようにしたいのか、英語の本や新聞、テレビ番組、映画が理解できるようにしたいのか、それともグローバルなビジネス現場で使える英語力を身につけさせたいのか、ということである。

コミュニケーションの道具としての英語が目的ならば、○×式の試験をしていること自体、逆効果だ。たとえば、母親が子供に言葉を教える時に「間違えたら叩く（×）」なんてことをやっていたら、子供は言葉を覚えなくなってしまうだろう。コミュニケーションの楽しさを知る以前に、苦手意識を植え付けられるだけだからだ。

ビジネス現場で必要な英語とは

明治時代の英語は、基本的に「英文和訳」だった。西洋の書物や新聞を読んで理解するための英語だったからである。また、私が中学生・高校生の頃は外国人と英語の手紙をやり取りする「ペンパル」が盛んだったが、それは「和文英訳」でよかった。つまり教養としての英語、素養としての英語であり、いわば「英語学」だ。文科省の英語教育は、そういう時代のままである。しかし、それでは世界に出ていった時にビジネスの交渉はもとより、生活することさえままならない。

もし、そこから脱して国際的なビジネス現場で通用する英語力を養いたいのであれば、海外で実際にビジネスマンが遭遇する様々なシチュエーションに対処できるだけの実践的な教育に転換しなければならない。

具体的には、たとえば新しい工場長や支店長に着任した時の挨拶だ。もともと日本人は挨拶が苦手だが、海外では自分が着任した目的や今後の目標を、若干のユーモアを交えながら起承転結でわかりやすく伝え、部下たちのやる気を引き出さなければならない。

あるいは、ホームパーティーなどでのソーシャル・カンバセーション。日本人はパーティーの時、仲の良い人や知っている人としか話さない傾向があるが、海外の場合、ホスト役は出席者全員と一人2~3分ずつ話しながら会場を渡り歩く。この場合は、ある程度の流暢《りゅうちょう》さが必要な着任挨拶と違い、ブロークンでもかまわない。

さらに、取引や人事やM&Aといった交渉事のための英語は、言葉の使い方と選び方が非常に難しい。日本企業の場合、英語の上手い経営者ほどM&Aなどの交渉に失敗しているくらいである。交渉事というのは、相手の許容範囲——何は受け入れることができて何は受け入れられないのか——を見極めなければならない。そのためには、いきなり本題に入らず、相手のことを知り、自分のことも知ってもらうというプロセスを踏む必要がある。これを英語では「アイス・メルティング」（氷を溶かしていく）と言う。つまり、相手の心を開かせてから、本題に入っていかねばならないのだ。

そこで大切なのは、実は英語力ではない。地理、歴史、文学、音楽などの交渉事とは全く関係のない話をすることで互いに胸襟《きょうきん》を開き、相手に自分を信頼してもらわないといけない。そうすることができるような知識や経験を、欧米では「教養《リベラルアーツ》」と呼ぶのである。

英語で「大仏」を案内できるか

それらの実践的な英語は、英文和訳や和文英訳をいくら練習してもできない。英検やTOEICが高得点でも関係ない。結局、文科省がやろうとしているのは「実学」としての英語ではなく、「受験科目」としての英語でしかないのではないか。

もしグローバルなビジネス現場で使える英語を身につけたいなら、外国人観光客のツアーガイドがお勧めだ。たとえば、鎌倉の大仏を案内する時に「This is the Great Buddha in Kamakura」では3秒で終わってしまう。そうではなく、大仏が野ざらしになっている理由や、巨大な大仏の鋳造《ちゅうぞう》方法、貴族政治から武家政治に移行した鎌倉幕府の時代背景などを説明できなければ、外国人観光客を喜ばせることはできない。そのためには「教養」が必要なのである。

折よく、東京オリンピックを前に、通訳案内士の資格がなくても有償でガイドができるようになった。これは国民全員参加で英語力を鍛える絶好のチャンスだと思う。

今やヨーロッパでも、コミュニケーションツールとしての英語がますます重要になっている。すでに北欧諸国の国際会議は通訳なしの英語で運営されているし、ドイツは近年最も英語が上手くなっている。

母国語愛の強いフランスでさえ、かなり英語が通用するようになってきた。フランスのマクロン大統領は初参加のNATO会議やG7で実務で鍛えた英語を駆使し、アメリカのトランプ大統領を向こうに回して素晴らしいリーダーシップを披瀝《ひれき》した。フランス国民はあっけにとられ、それが総選挙圧勝の要因となった。

また、フィンランドは大学の授業を英語化したことで世界中から留学生が集まるようになり、一気に社会が国際化した。

もし、文科省が日本人の英語力を世界標準レベルに引き上げたいなら、民間の英語試験でお茶を濁すのではなく、大学の大半の授業を英語化するくらいのドラスティックな改革を断行すべきである。

「給付型奨学金」論議への違和感

安倍政権が2018年度の大学進学者から導入する返済不要の「給付型奨学金」も、多くの問題を抱えている。

この議論が巻き起こった背景には、もともと貸与型の奨学金を返せない人が増えていることが挙げられている。だが、「借りた金は返す」のが当たり前だ。「減額返還」や「返還期限猶予」といった制度もあるのに返せない者や返さない者を〝社会人〟とは呼ばない。

しかも、日本学生支援機構（旧・日本育英会）の奨学金は公的制度であり、返還金は直ちに後輩の奨学金として貸与する仕組みになっている。それを同機構の取り立てが厳しくないからといって踏み倒すのは公金横領も同然であり、（病気や親の失業など特別な事情がある場合を除き）そういう不心得者を見逃して税金で補填するのは言語道断である。

たしかに、景気も給料も右肩上がりだった時代に比べると、今は奨学金の返還が困難になっている。大学の初年度納付金は国立でも約82万円（授業料約54万円、入学料約28万円）、私立は約132万円（授業料約88万円、入学料約25万円、施設設備費約19万円／2016年度）で、国立大は40年前の15倍に達している。地方から都市部の私立大に入った場合、生活費も含めればざっと年間300万円、4年間で1200万円ほどかかる。

それを補うために、たとえば日本学生支援機構の第二種奨学金（利息の上限が年率3・0%、在学時は無利息）を大学4年間「月額10万円、入学時特別増額50万円、機関保証制度利用なし」という条件で借りるとして同機構のホームページでシミュレーションしてみると、貸与総額530万円、返還総額約715万円、返還回数240回（20年）、月賦返還額約3万円となる。つまり〝715万円のマイナス〟から社会人生活がスタートするわけだ。

その一方で、サラリーマンの給料は、この20年間ほとんど変わっていない。仮に初任給が月20万円・年収300万円とすれば、20年間にわたって毎月3万円・年間36万円ずつ返していくというのは、かなりきつい。これは小学生でも計算できることである。

だからといって奨学金を返せない人が増えている問題を解決するために税金を使うのは、将来世代の借金を増やすだけだから、絶対にすべきではない。そんなことをしていたら日本人はいっそう将来に不安を抱いて財布の紐が固くなり、ますます経済が萎《しぼ》んでしまう。

〝稼げない大学教育〟の責任を問え

この問題を考える際に、まず議論すべきは「大学は何をやっているのか？」ということだ。大学は、卒業したら企業で働くという前提に立つと、そのためのスキル＝社会人として生きていくための実務能力を磨く場所である。ところが日本の大学は、戦前の産学連携による軍事技術開発が結果的に軍国主義と戦争に加担したという反省から、戦後は実務を軽視してアカデミックを志向するようになった。

しかし、その実態は古い教科書を使って海外の学説や講義を〝輸入〟しているだけである。IoTやAIなどで世の中が急激に変化しているにもかかわらず、それを実践的に教えている大学はほとんどない。だから、学生は社会に出た時点では〝稼ぐ力〟がなく、何の役にも立たない。世界標準の真っ当な大学は実務的なことを教え、社会に出たら即戦力になって初任給で年収1000万円以上稼げる人間を育成する場所だが、日本の場合は全く違うのである。

つまり、奨学金を返せない卒業生が続出している責任の一端は大学にあるのだ。「本学を出れば奨学金は簡単に返済できます」と言える状況になっていないことが、そもそもおかしいのである。日本の大学は自分たちの役割を抜本的に見直し、再定義すべきだと思う。

また、企業側も新卒者の集団就職・一括採用ではなく個別就職・常時採用で、実力本位で学生を採用すれば、次第に優秀な学生を輩出する大学・学部を峻別できるようになるだろう。優秀な学生は、卒業を待たずに大学3年で採用してもよいと思う。即戦力の人材はいち早く就職が決まるとなれば、大学側も制度やカリキュラムをアカデミック志向から実務重視に転換し、ビジネスの現場で実績があって実践的な講義ができる元経営者などを教授に招くといった改革をせざるを得ない。

休眠口座や寄付を奨学金の原資に

大学や就職先によって学生の質が担保できるようになったら、新しい学費ローン制度も可能になるだろう。それは公的な奨学金ではなく、稼ぐ力がある優秀な人材に対しては銀行が学費を融資して卒業後も自行をメインバンクにしてもらい、一生を通じて付き合っていくというコンセプトだ。

さらに、税金を注ぎ込む前に国ができることはまだまだある。たとえば毎年800億円を超えるとされる「休眠口座」に残っている預貯金を若い人たちのベンチャー企業を支援するファンドに活用するとともに、審査を厳しくした上で給付型奨学金の原資として役立てればよい。

あるいは、すでに1845兆円（2017年第3四半期）に達している個人金融資産の活用だ。その多くはリタイアした高齢者が持っているので、「亡くなった時に資産の1割を将来の人材育成のために寄付する」という制度を作り、寄付を申し出た人には以後、所得税や相続税を減免する、などのインセンティブを付ける。そうすれば最大180兆円がじりじりと出てくるはずだから、それを給付型奨学金にしていくのである。そのくらいは高齢者たちが次の世代のために〝肥やし〟を撒《ま》いてくれてもよいではないか、というのが私の提案だ。

このような工夫をすれば、税金を使って将来世代から借金しなくても給付型奨学金は実現できる。1943年に設立された旧・日本育英会の奨学金制度は、国民の大半が同じような貧しい環境の下で育ち、しかも大学の数も大学まで進学する人数も少なく、大学を卒業して企業に就職すれば必ず昇進・昇給があった時代にできたものであり、すでに歴史的な役割は終わっている。したがって、日本は大学も奨学金制度も根本から作り直し、能力と向上心がある学生の背中を強く押すための新たな施策を打ち出さねばならない。そこまでやって初めて奨学金というものの意義が生まれるのだ。

高等教育の無償化は〝世紀の愚策〟

給付型奨学金とともに俎上に載せられている「教育無償化」の議論も、今の高等教育の「質」を踏まえて練り直すべきだろう。

東京都は、2017年から都内外の私立高校に通う都内在住の生徒の授業料を、世帯年収760万円未満の家庭を対象に実質無償化した。国の制度に加えて都独自の特別奨学金を拡充し、都内の私立高校の平均授業料に相当する年44万2000円を支給するもので、2017年度は、私立高校に通う都内在住の生徒16万7000人の3割にあたる5万1000人を対象として予算案に盛り込んだ。

だが、これはあまりにもバカげている。なぜなら、国や地方自治体がやらねばならないのは、中学校までの「義務教育」について公平を担保するための経済的援助に限られると思うからだ。義務教育でもない高校、ましてや私立高校は個人の選択の結果であり、それに対して都民の税金から特別奨学金を拠出して無償化するというのは、どう考えてもおかしい。

しかも、神奈川県・埼玉県・千葉県から東京都内の私立高校に通っている生徒に都の特別奨学金は支給されないので、投票資格のある人だけに補助金をバラ撒こう、という露骨さが垣間見える。近隣県も黙っていないだろうから、今後は周辺自治体とのサービス合戦になりかねない。優位性が揺らぐ都立高校への影響も避けられないだろう。

また、世帯年収760万円以上でも、子供二人が私立高校に通っていたらどうなるのか？ その場合、世帯年収1520万円未満としなければ理屈に合わないのではないか？ そういう矛盾だらけの政策である。

「義務教育とは何か」の定義もない

そもそも日本国憲法は「すべて国民は、法律の定めるところにより、その保護する子女に普通教育を受けさせる義務を負う。義務教育は、これを無償とする」（第26条第2項）と定めている。義務教育ではない高校を無償にするとは書いてない。すでに公立高校は年収910万円未満の世帯を対象に無償化されているが、憲法を厳密に解釈すれば、高校無償化は憲法違反という見方もできるだろう。

このため日本維新の会は「憲法改正による教育無償化」を提唱し、自民党は大学などの教育に関する財政支援に必要な財源を確保するための「教育国債」を検討している。民進党も教育・子育て政策の財源として「子ども国債」の発行を提案している。与野党そろって教育無償化の大合唱だが、全国の大学・短大の授業料は総額3・1兆円に上り、幼児教育からすべて国が負担すれば5兆円規模に膨らむという試算もある。つまり教育無償化はそう簡単に財源が確保できる政策ではなく、それを唱えるなら確たる理念が必要だ。それもなしに無償化するのは、単なる大衆迎合にほかならない。

政治家や官僚は、そもそも何のための教育なのか、義務教育とは何なのか、ということを全く理解していないと思う。その最大の原因は、日本では義務教育がきちんと定義されていないことである。教育基本法第4条に「国民は、その保護する子女に、9年の普通教育を受けさせる義務を負う」「国又は地方公共団体の設置する学校における義務教育については、授業料は、これを徴収しない」と書いてあるだけだ。学校教育法も「6歳から15歳まで」という年齢以外に具体的なことは定めていない。日本の場合、なぜ6・3・3・4制なのか、公立と私立はどうあるべきか、といったことがさっぱりわからないのだ。

私は、義務教育とは「社会人として独り立ちし、日本国民としての責任を果たせるようにするための教育」だと思う。とすれば、義務教育は小学校・中学校の9年ではなく、高校を卒業する18歳までの12年に延ばし、中学教育と高校教育は重複も多いから6・5制（小学校6年と中高一貫5年）にする。そして残り1年は、お金の借り方・返し方や家庭の持ち方、運転免許など社会人に不可欠な常識をきっちり教え、晴れて18歳で「成人」になる。そこまでを義務教育にした上で、無償化すべきだと思うのである。

「大学は自己責任」が原則

一方で、義務教育を終えた後の大学をはじめとする高等教育の目的は何か？ 世界のどこでも通用するスキル、すなわち「稼ぐ力」を身につけることである。

大学教育がそう正しく定義されれば、そのためにどれだけ費用をかけて何を学ぶべきかが明確になるし、それは本人が自分の人生を充実するために自己責任で学ぶのが当然だとわかる。日本の大学は授業料や施設整備費などを合わせると4年間で200万～500万円かかる。生活費が年間200万円とすれば、4年間の合計は1000万～1300万円だ。これに対する教育ローンを借りやすくして、社会人生活はマイナス（借金）からスタートするのが当たり前ということにすればよい。卒業後に1000万円以上のローンを返済しなければならないとなれば、今は勉強せずに遊んでばかりいる大半の日本の大学生も、「稼ぐ力」を身につけるために本気で勉強するようになるだろう。

日本の大学は、私立までもが国の補助金（税金）をもらって文科省の言いなりになり、官僚の天下り先と化している。私立が本来競うべき独自の教育もできず、学校法人は税金がかからない一方で利益を出してもいけないため、儲かって補助金太りしている大学は土地を買って新しい校舎や大規模な施設を次々に建設している。

だが、欧米でもアジアでも、大学は非常にシビアな学びの場だ。学生たちは「稼ぐ力」を身につけるために死にもの狂いで勉強している。日本もそうならないと、21世紀に勝ち残っていくことは到底できない。

結局、「何のために勉強するのか」が曖昧なままだから、日本人は受験が終わると勉強したことをすべて忘れてしまうのである。たとえば、私が学長を務めているBBT大学では、英語、歴史、地理をとことん教えている。その理由は卒業後に世界で活躍するという明確な目的があるからで、それらを身につけていれば、世界に出て行った時の〝対話力〟が全く違ってくるからだ。そのため、学生たちの学習意欲も高い。

「何のために勉強するのか」と考えれば、社会に出てから役に立つスキルを教えていない今の日本の大学は全く無意味であり、行く価値はない。にもかかわらず、保護者の過重な教育費負担に加えて、莫大な税金まで注ぎ込んで無償化しようというのだから、これはまさに〝世紀の愚策〟である。

「欲」を持たなくなっている若者たち

「稼ぐ力」を身につけることができない大学教育は何をもたらすのか？　それは、今の「内向き」「下向き」「後ろ向き」の若者たちの存在と無縁ではない。

先日、地方のある有名企業が月給16万円で業務系の契約社員を100人募集したところ、

５００人以上の応募者があったという。しかも、その多くは有名大学を卒業した若い人たちで、大学院の修了者も少なくなかった。そういう高学歴の（おそらく優秀と思われる）人材が、なぜ月給16万円の仕事に殺到するのか？　地方には、実家で親と一緒に暮らしていて家賃も生活費もかからないため、有名企業の業務系の仕事であれば給料が安くてもやりたい、という若者があふれているからだ。高学歴でありながら稼げない「高学歴プア」と呼ばれる若者にとっては、食えるだけで十分という感覚なのかもしれない。

また、『朝日新聞デジタル』（２０１５年4月11日付）には「生活費は月３万〜５万円　自作の小屋で暮らす若者たち」という記事が掲載されていた。28歳の青年がネット検索で見つけた千葉県内の１４０㎡の土地を45万円で購入し、自分で4畳ワンルームの小屋を建て、井戸水と最低電流の電気で生活費を抑えながら暮らしているという。

こうした事例を見ると、日本の若い人たちの欲望がどんどん減退しているということを、改めて痛感する。

拙著『低欲望社会』の中で指摘したように、若者たちがあまり欲を持たなくなっていることと自体は、ある意味で合理的な選択だと思う。だが、結果的に、成熟国家となった日本では現在、これまでに世界でも例のない「低欲望社会」が進展している。そして、その根底には「大志なき若者」の存在がある。

先人たちは「大志」で世界を主導した

かつての日本は違った。アンビション（大志）のある若者は、自分でアンテナを広げ、自分の足で歩いて多くの人に会い、どうにかしてチャンスをつかもうとしていた。戦後第一世代の経営者を見ると、そうした事例は枚挙に暇《いとま》がない。

たとえば日本楽器製造（現ヤマハ）の第４代・第６代社長でヤマハ発動機創業者の川上源一さんは、戦後間もなくアメリカに行ったところ、海にはヨットやモーターボートが浮かんでいるし、人々は釣りをしたり、水着姿で海岸で遊んだり、テニスを楽しんだりしているしで、とても戦争直後の国とは思えない光景を目の当たりにして驚いた。そこで彼は、日本も復興して豊かになれば必ずレジャーが大きな産業になると考え、それまでの楽器製造事業とは何の関係もないプレジャーボート、スキー板、テニスラケット、アーチェリー用具、ゴルフクラブの製造やリゾート施設の経営に乗り出したのである。

ＹＫＫ創業者の吉田忠雄さんの場合も、やはり戦後にアメリカを訪れた際、パーティーでカクテルドレスを着た女性の後ろ姿が目に入ったことが飛躍のきっかけだった。そのドレスは冷たい金属製のファスナーが肌に直接触れていた。それを見た彼はファスナーは金属製ではないほうがよいのではないかと考え、ナイロン製ファスナーの開発を始めたのである。

松下電器産業（現パナソニック）創業者の松下幸之助さんの場合も同様だ。家庭内に電気の供給口が裸電球のソケット一つしかなかった大正時代、幸之助さんは夜に母親がアイロンをかけると電球を外さねばならず、電球を外すとアイロンをかけられなかったことから、その不便を解消するために電球とアイロンを同時に使用できる二股ソケットを思いついたとされている。その後、家電メーカーとしての地位を確立するや世界に飛び出そうとしてオランダのフィリップスに教えを請いに行った話は有名だ。小学校しか出ていないし、英語ができないということも忘れてしまうくらいの「大志」があったからだ、と幸之助さんの自伝にある。

この3人に限らず、戦後の日本をリードした偉大な創業者の大半は、常にアンテナを全方位に張り巡らせて貪欲に新しい事業機会を探し求め、ワンチャンスをものにして世界をリードする企業を作り上げていったのである。

「日本人トップ」という目線の低さ

ところが、今や日本の大学では、日本人の学生よりも中国人留学生のほうが成績優秀というケースが増えている。それに対して日本人の学生は発奮することもなく、呑気で怠惰なキャンパスライフを謳歌《おうか》している。大志がないので、はなから競争を回避しているわけだ。

マラソンでも、最近はよく全体では3位や4位なのに「日本人選手トップ」と1位の外国人選手よりも大きく扱われる。2位とか3位の外国人選手についてはほとんど報じられず、名前すら小さい記録欄を見ないとわからないことが多い。そういう内向きかつ目線の低い評価基準や報道姿勢はおかしいと思う。

私自身、学生時代は早稲田大学と東京工業大学修士課程では誰にも負けないと思っていたが、MITの博士課程に留学したら、アメリカ人もヨーロッパ出身者たちも非常に優秀で驚いた。それでも彼らに負けじと必死に勉強し、その結果、130人の原子力工学科のクラスで一番早く2年9か月で博士号を取得することができた。どんな分野でもグローバル競争が当たり前になった今はなおさら、「日本人1位」に安穏としていてはいけない。

戦後日本の教育は、資源も食料もない日本は外国から資源を輸入し、それを加工して輸出する「加工貿易立国」で稼ぐしか生きていく道はない。「働かざる者、食うべからず」――と教えていた。このことを私たちの世代は小学校で耳にタコができるほど聞いていた。その結果、誰もが必死に働き、日本は世界に冠たる輸出大国になって高度経済成長を遂げたわけだが、「働かなければ食えない」という危機感がなければ、大志を抱くこともできない。もちろん、今でも大志を持っている若者はいるが、その絶対数は昔に比べると大幅に減少している。

そうなった最大の理由は、一人っ子が過半数になって家庭内で競争がなくなった上、偏差値教育によって学校のクラスの中でも競争がなくなったからである。つまり、偏差値を与えられると、あたかも自分の能力がその程度であるかのように思い込み、予定調和してしまうのだ。しかし、若者は「自分には才能があるはずだ。それはいつどこで開花するかわからない」と思って努力し続けなければならない。そうでないと目線が下がってアンテナの感度が悪くなり、目の前にチャンスが訪れていても、ものにできなくなる。

「出不精な若者」が増えつつある

さらに、日本の若者の行動や生態に関する非常に象徴的な調査結果も相次いでいる。

たとえば、ジェイアール東日本企画の「Ｍｏｖｅ実態調査２０１７」によると、「１か月あたりの移動回数」は20代が37・３回で、70代の40・８回をも下回り、全年代中で最低だった。20代は高齢世代よりも外出に消極的で、単純計算では１日に１・２回しか移動していないことになる。「家にいるのが好き」「自分はどちらかと言えば〝ひきこもり〟だと思う」「外出しないでいいならなるべく家にいたい」といった設問に対して「非常にそう思う」と答えた人の割合も20代が最も多かったという。

また、国土交通省の「２０１５年度全国都市交通特性調査」でも、20代の休日の外出回数は１日あたり１・４３回で、70代の１・６０回を下回り、とくに20代男性は１・２４回で、調査を開始した１９８７年から約30年でほぼ半減した。

これらは実に憂《うれ》うべきデータだと思う。もともと近年は「イオニスト」や「ららぽーたー」など、いつも地元のショッピングモールに行き、そこ１か所で日々の暮らしを完結させる若者の増加が話題になっていた。イオニストは、ＡＢＣマート、しまむら、ニトリなどイオンモールに出店している店で収入の48％を使うというデータもある。彼らは自宅の半径20㎞圏内だけで行動し、社会人になっても中学・高校時代の友人や仲間が交友関係の中心で、その人たちにしか関心がない。そういう内向きな生態系がスマートフォン、ＳＮＳ、ネット通販の利用が広がったことによってさらに縮小する方向に進み、出不精な若者が増殖していると推察されるのだ。

「団塊」「バブル」「氷河期」世代の格差

そもそも日本は世代による世界観の違いが顕著な国である。アメリカの場合はグローバルで外向き・上向き・前向きなニューヨークやボストンなどの東海岸、ロサンゼルス、サンフランシスコ、シアトルにかけての西海岸と、ドメスティックで内向き・下向き・後ろ向きな内陸部で、地域による世界観の分断が起きているが、日本の場合は世代によって世界観に極めて大きな差があるのだ。

すでにリタイアしている団塊の世代やそれ以上の私も含めた世代は、小田実氏の著書『何でも見てやろう』（１９６１年）や小澤征爾氏の著書『ボクの音楽武者修行』（１９６２年）などを読んで海外旅行に憧れた。子供の頃には、小学校の校内放送でＮＨＫラジオの『マイクの旅』（１９４９～71年／マイクさんが日本全国を巡り、各地の文化、習慣、産業、自然などを紹介した番組）を聞き、自分も行ってみたいと胸を膨らませた。

私がとくに憧れたのはアメリカだ。『パパは何でも知っている』（日本放映１９５８〜64年）や『うちのママは世界一』（同１９５９〜63年）といったアメリカのホームドラマを見て「アメリカ人はあんなに広い家に住んで大きい車に乗っているんだ」と驚き、「行ってみたいな、よその国」と鼻歌まじりに思ったものである。

その後、映画『イージー・ライダー』（日本公開１９７０年）のような反体制を描く暗いイメージが入ってきて、ベトナム戦争や東西冷戦の緊張などでアメリカの負の部分にスポットが当たりがちになっていったが、それでも基本的に私たちの世代は、いつかは日本もアメリカのように豊かな国になりたいと思っていた。

また、団塊の世代より20年くらい下の人たちは、１９８０年代のバブル景気を謳歌したり、その余韻に浸っていたりした世代である。すべてが右肩上がりで円高の恩恵もあり、海外旅行や高級ブランド品などを満喫していた。いま40代後半〜50代前半になっている彼らは、すでに守りに入り、何とか逃げ切ろうとしている。

そして、その下の就職氷河期以降の世代は、バブル崩壊による低成長時代が産み落とした「物欲・出世欲喪失世代」である。彼らは給料がいっこうに上がらないこともあって、休日もスマホ片手に家に引きこもる金のかからないライフスタイルを選択せざるを得ないという一面もあるのだろう。

日本企業の盛衰とともに

観光庁の調査（2015年）によると、20代の男性は約半数が1年間に1回も旅行に行っていないなど、旅行頻度が非常に低い。20代のパスポート取得率（新規）も5・9％にすぎない。ただし、18～29歳の若者が国内旅行に行かない理由のトップは「お金がないから」である。いくら年配者が若者たちに「大志がない」「もっと世界に雄飛せよ」と苦言を呈したところで、彼らに言わせれば「先立つものがなければ無理」となるのだろう。

ことほどさように日本は世代によって世界観が大きく異なるわけだが、それは、個々人の性格や志向ではなく、国全体の産業や企業の勢いともつながっていると思う。

たとえば、トヨタ自動車がパブリカやクラウンを欧米に輸出し始めたのは1960年代である。700ccのパブリカは、スピードが遅くてハイウェイに入れないと言われたが、それでもトヨタは自分たちの車がアメリカで売れるようにならなければ未来はないと考え、必死に努力を続けた。同じように本田技研工業はオートバイのマン島レース（1959年）や自動車のF1（1964年～）に、ヤマハはオートバイのカタリナGP（1958年）に挑戦した。欧米に追いつき追い越せで、無謀とも思える高い目標に向かって果敢にチャレンジしたのである。

その結果、日本企業は目覚ましく発展・成長し、バブル時代に隆盛を極めた。「ジャパン・アズ・ナンバーワン」と言われた80年代、日本企業はニューヨークのロックフェラーセンターやコロンビア映画、ハワイのホテルなどを続々と買収し、時価総額でも日本の銀行やNTT、トヨタ自動車が世界の上位に名を連ねていた。

しかし、今では世界で時価総額10億ドル（約1000億円）を超える非上場のユニコーン企業として名前が挙がるのは、アメリカ企業113社、中国企業60社に対し、日本企業はわずかにメルカリ1社である（全226社／「CB Insights」2018年1月17日時点）。しかも、そのメルカリですら、政府にいじめられて新規株式上場が難航しているという状況だ。

日本はメルカリのようなユニコーン企業が次々に登場し、それらを起業した〝傑出した個人〟がその功績に見合う高額報酬を得る、というロールモデルが増えないと、出不精になった若者たちの内向き思考は反転しないだろう。だが、その兆しはある。

ファーウェイ「初任給40万円」の光明

内向きな若者たちの思考を反転させる〝光明〟の一つは、2016年秋に中国の通信機器大手ファーウェイ（華為技術）が日本で大学卒のエンジニアを「初任給40万円」で募集して大きな話題になったことだ。日経産業新聞（2017年11月15日付）によれば、この金額についてファーウェイ・ジャパンの広報は「欧米企業にやっと肩を並べたレベルで、珍しくはない。優秀な人を採るためのグローバルスタンダードです」とコメントしたという。

一方、ソニーやパナソニックなど日本企業の大学卒の初任給は21万円台にとどまっている。それに比べると、ファーウェイの給料は2倍近く高いわけだが、グローバルスタンダードから見れば「初任給40万円」も、まだまだチープだ。

世界の一流のＩＴ企業やコンサルティング会社の初任給は年収１２００万〜１５００万円である。人手不足が深刻化しているアメリカのシリコンバレーやサンフランシスコ・ベイエリアなどでは、中堅エンジニアは３０００万〜５０００万円で他社に引き抜かれる。プロジェクトマネージメントもできる人材なら1億円前後、ＡＩやディープラーニング（深層学習）などの研究者には10億円以上の値札が付くことも珍しくない。だから優秀なエンジニアを引き抜かれないようにするために、給料がどんどん上がっていくのである。そうした〝世界標準〟に比べるとファーウェイの「初任給40万円」はいかにも見劣りする。

それでも、同社が成功した最大の理由が給与レベルを世界化したことにあるのは間違いない。同社の競争相手はルーターではシスコシステムズ、通信設備ではエリクソンやノキア、スマートフォンではアップルだ。これらのグローバル企業に対抗していくために、ファーウェイは給与レベルを大きく引き上げて世界から最先端の優秀な人材を集めてきたのである。

また、ファーウェイの人事制度は社員の５％が定期的に淘汰されるという。しかし、私が在籍していたマッキンゼーの場合は毎年社員の20％ずつに転職指導していたから、まだ甘い。ファーウェイには「45歳退職説」もあるそうだが、これもリクルートの38歳定年制から見れば、厳しいとは言えない。それでも大半の日本企業に比べたら、ファーウェイのシステムがグローバルスタンダードに近いことは確かである。

実は、私は20年以上前に深圳のファーウェイ本社を訪れたことがある。その時に瞠目したのは、全社員のうちエンジニアが約8割もいたことだ。しかも、会社の隣にアメリカ風の立派な一戸建てをたくさん作り、将来有望なエンジニアの社宅にして厚遇していた。

それを見て私はいち早く「もし、中国から世界化する会社が登場するとしたら、第一号はファーウェイだろう」と予言した。その当時からファーウェイはグローバル企業になる基礎条件を備えていたのである。

「尖った人間」が企業の命運を決める

さらに私がファーウェイを訪れた時に印象的だったのは、社内の掲示板に「北国の春」と題した任正非CEOの檄文が貼り出されていたことである。

日本を他山の石とせよとの主旨の檄文には概略、次のようなことが書かれていた。自分(任氏)は大好きな日本の歌謡曲『北国の春』を歌った千昌夫の故郷・東北地方を旅したが、かつてあれほど繁栄していた日本は見る影もなく衰退していた。我々は日本の失敗に学び、同じ轍《てつ》を踏まないようにしなければならない——。

かつての日本は優秀なエンジニアを輩出し、最先端技術で世界をリードしてきた。しかし、日本企業のエンジニアに対する報酬は、あまりにも低い。

たとえば、東芝でフラッシュメモリを発明した舛岡富士雄氏への報奨金は、わずか「数万円」だったという。舛岡氏は、発明者が本来受け取るべき対価として10億円の支払いを求める訴訟を起こした（8700万円で和解）。また、日亜化学工業で青色LEDを発明した中村修二氏も、発明対価として200億円を請求した（8億4000万円で和解）。フラッシュメモリも青色LEDも会社の利益の大半を稼ぎ出したのだから、舛岡氏や中村氏が相応の発明対価を要求するのは当たり前である。にもかかわらず、日本企業は彼らのような傑出した人材の貢献に正当な報酬で応えてこなかったのみならず、裁判で争うという醜態を晒している。社員の能力や成果に対して給料を払うというシステムになっていないからである。

大量生産・大量消費の20世紀はそれでも何とかなったが、21世紀は無理だ。「尖った人間」「特異な能力がある個人」をうまく生かせるかどうかで、企業の命運が決まるからだ。かつてのNHKの名番組『プロジェクトX～挑戦者たち～』では、たびたびチームプレーが礼賛されたが、もはや「和を以て貴しとなす」「みんなは一人のために、一人はみんなのために」という日本的な平等主義で社員全体の報酬を抑えるのは、怠慢経営者のエゴでしかない。

ファーウェイの「初任給40万円」は、そういう日本企業のガラパゴス的な経営に風穴を開けるものだ。

とはいえ前述したように、世界的に見ればファーウェイもまだ〝バーゲン価格〟である。スポーツ界では、しばしば日本人メジャーリーガーらの高額報酬が話題になるが、エンジニアや経営者も世界の一流企業ではトップアスリートと遜色のない高給を得ているという現実をもっと知るべきだ。

そうしたグローバルスタンダードが日本でも当たり前になり、自分の大学の同期が新卒で年収1500万円の会社に就職したり、会社の同僚が年収5000万円で他社に引き抜かれたりするようになれば、日本の内向きな若者たちの目の色も変わるはずである。

残念ながら日本企業は、ファーウェイが20年前に学んだ「日本の失敗」に、未だ学んでいない。それを変革するために、ファーウェイには今後も給与レベルをどんどん引き上げて、日本の採用市場を大いに引っ掻き回してもらいたい。

第3章

「21世紀型ビジネス」とは何か

――シェアリング&アイドルエコノミー最前線

シアトル発世界企業が多い理由

私は毎年秋、主宰している企業経営者の勉強会「向研会」の研修旅行で1週間程度の海外視察に出かけている。2017年は、会員80人と一緒にアメリカ西海岸北部のシアトルとカナダのバンクーバーを訪れた。

なぜ、いまシアトルとバンクーバーなのか?

まずシアトルは、そこで生まれた会社が次々と世界企業になっているからだ。たとえば、マイクロソフト、アマゾン、スターバックス、コストコ、エクスペディアなどである。これらの会社は非常に速く世界化して巨大になった。なぜか?

20年ほど前にマイクロソフト共同創業者のビル・ゲイツと対談した時、彼は面白いことを言っていた。「シアトルは、アジアとヨーロッパが等距離に見える」と。

実は、シアトル－東京、シアトル－ロンドンの直線距離は、どちらも約7700㎞である。飛行時間もシアトル－東京が約9時間、シアトル－ロンドンが最短9時間40分と、さほど変わらない。また、シアトル－ニューヨークの直線距離は約3900㎞だが、飛行時間は6時間半ほどなので「時間距離」は意外に遠い。

私は1985年に上梓した『トライアド・パワー』（講談社）で「日米欧の三大戦略地域から心理的に等距離にあるアラスカのアンカレッジに世界本社を置くべきだ」と書いたが、

シアトルはアメリカ本土の大都市で最もアラスカに近い。シアトル出身のビル・ゲイツは、図らずも私の提言を実践していたのである。日本企業では、任天堂がここにアメリカの拠点を置いて成功し、世界化に極めて重要な役割を果たしている。

いまアメリカではハイテク関係の人材が非常に不足しているため、シリコンバレーやサンフランシスコのベイエリアでは、能力があるIT技術者の初任給は約15万ドルになっている。

それに対し、シアトルは約12万ドルで2割ほど安いが、住居費をはじめとする生活コストが安いので、可処分所得はシリコンバレーやベイエリアより高い。しかも、水と山と緑に囲まれ、〝エメラルド・シティ〟と呼ばれるほど住環境が良い。このため多くの人がシアトルを生活圏として好むようになり、アメリカ西海岸で北への移動が始まっているのだ。

〝繁栄の方程式〟は「来たれ！ 人材」

しかし、「アメリカ第一主義」のトランプ大統領の登場で大問題が起きている。アメリカ人の雇用を増やすため、専門技能を持つ外国人向け就労ビザ「H－1B」の審査が厳格化され、海外の人材がアメリカで働けない事態になっているのだ。たとえば、インドのITサービス企業インフォシスの創業者で友人のナンダン・ニレカニ元CEOが来日した時に会食したら、「アメリカに派遣している1万人のインド人技術者をインドに帰さなければならなくなった」と途方に暮れていた。そのため同社がアメリカで1万人を新たに雇用するという報道もあったが、今回の視察旅行で現地取材したところ、代替策があったらしい。それは「カナダ」である。アメリカのＩＴ企業は、隣国カナダに人材を移動しようとしているのだ。とりわけ注目を集めているのが、シアトルから北へ車で2時間半のバンクーバーである。

もともと私がバンクーバーを視察先に選んだのは、日本の経営者たちに自然が豊かなカナダの魅力を知ってもらいたいと思ったからだが、今はこの国の〝人材の豊かさ〟が、トランプ政権の移民政策と人手不足に悩むＩＴ企業にとって大きなメリットになっているのだ。

バンクーバーでは、いわば無限に人が採用できる。そのため、マイクロソフトは３０００人の人材プールをバンクーバーに作ると発表しているし、アマゾンが最大５万人を雇用するとされる第二本社の候補地としてもカナダのトロントの名前が（バンクーバーと同じ理由で）挙げられている。

カナダのトルドー首相は、ツイッターで「迫害、戦争、テロから避難してきた人々へ。信仰にかかわらず、カナダはあなた方を歓迎します。多様性は我が国の強みなのです」というメッセージを投稿し、難民・移民を歓迎する姿勢を打ち出した。「カナダは違いがあって〝も〟ではなく、違いがある〝からこそ〟強くあることを学びました」とも述べている。実際、カナダは毎年25万人以上の移民を受け入れ、国内の多様性を生かしたイノベーションによってグローバル化を推し進めている。

土地もカネも自由もある！

その象徴的な都市がバンクーバーである。ここは、シアトルと同じく、住環境が非常に良い。ダウンタウンから海と山が見え、鮭をはじめとする魚介類は旨いし、夏はウォータースポーツやトレッキング、冬はスキーが楽しめる。英誌『エコノミスト』の調査部門が発表した「世界で最も住みやすい都市ランキング２０１７」では、オーストラリアのメルボルンとオーストリアのウィーンに次ぎ、僅差で３位に選ばれている。

地元の広報担当者に同じ移民国家であるアメリカとの違いを聞くと、こんな答えが返ってきた。

「アメリカに来た人たちは、みんな一刻も早く〝アメリカ人になろう〟とする。社会がアメリカ人であることを要求するからだ。しかし、カナダは〝カナダ人になる〟必要がない。それぞれの国の人のままでかまわない。だから精神的にものすごく楽で、居心地が良い」

これは一面で真実であり、カナダの素晴らしさである。実際、バンクーバー都市圏の人口約２７０万人のうち、中国人が約50万人、インド人が約20万人もいる。

考えてみれば、世界には個人にカネがあっても自由のない国がたくさんある。中国の金持ちは１兆円持っていても自由に使えない。ロシアはプーチン大統領自身が海外資産を凍結されている。中東の富豪も国内に自由はない。

そんな中でカナダには自由があり、広大な土地があり、チャンスがある。専門的なスキルを持っていたり、カナダで熟練を要する職業の経験が1年以上あって公用語（英語かフランス語）の十分な能力を有していたりすれば、永住権（国籍）も取得できる。だから世界中から優秀な人材と富が集まるのだ。つまり「自由」が人・モノ・カネをもたらすのである。これが21世紀の〝繁栄の方程式〟だ。

ところが、日本の政府はそうした世界の現実から目をそむけ、移民を認めないなど（実際には２０１７年６月末現在の在留外国人数は２４７万人余り、同年10月末現在の外国人労働者数は約１２８万人に達し、ともに過去最高となっている）制度が閉鎖的で、海外から人・モノ・カネが集まらない。「教育無償化」や「人づくり革命」などという日本人のみを対象とした内向きで無意味な政策ばかり打ち出している。それこそ「国難」にほかならない、と痛感した視察旅行だった。

古い日本企業とグローバル企業の「差」

昨今、独善的な経営陣とピラミッド型の古い会社組織を持つ日本企業の不祥事が相次いでいる。東芝、神戸製鋼所、日産自動車、東レ、大手ゼネコンなど、数え上げれば切りがない。それらの企業がいかに時代遅れかということは、いま世界最先端のビジネスを展開しているグローバル企業を見れば、よくわかる。

たとえば、スマートフォンのアプリを使ったタクシー配車サービスのウーバー（Uber）。創業後わずか5年でグローバル化した同社には、従来の企業が有していた組織や経営システムの概念は存在しない。ウーバーは、まず「タックス・プランニング」（法人税の仕組み、特徴、計算方法などから合法的な節税計画を立てること）を全地球ベースで行ない、法人税を最も軽減するためにはどうすればよいか、という観点から会社の仕組みを構築している。もともとはアメリカ・シリコンバレーのＩＴ関連企業に勤めていたトラヴィス・カラニックとギャレット・キャンプがサンフランシスコで創業した会社だが、アメリカは法人税率が39％で世界一高いため、法人税率25％のオランダに世界の事業を統括する本社を置き、それにタックス・ヘイブンのバーミューダを組み合わせて節税しているのだ。

たとえば、日本でウーバーのタクシーを利用した乗客がスマホ決済で運賃を支払うと、それは瞬時にサイバー上でオランダ本社の収入になる。運転手に対してもオランダ本社から運賃の80％が取り分として支払われる。利益はオランダ本社ではなくバーミューダに蓄えられ、アメリカにあるウーバー・テクノロジーズ本社は１・４５％のロイヤリティしか受け取らないという仕掛けになっている（米『フォーチュン』誌２０１５年11月1日号などによる）。

こうした節税スキームに対しては、グーグルやアマゾンなどが各国で追徴課税されて批判の的となっている。とはいえ、世界的な規模でタックス・プランニングを追求するのは、グローバル企業としては当然の発想だ。

これまでのグローバル化は、日本企業であれば、まずアジア各国に展開し、次にアメリカ、そしてヨーロッパ……というように、段階を踏んで国別・地域別に現地法人を設立しながらネットワークを拡大していった。しかしウーバーは、現地に子会社や代理店を作ると納税義務が発生してオランダより割高な法人税を払わなければならなくなるから、そういう従来型の組織は持っていないのである。

本籍は地球――「世界最適解」を追求

個人の空き部屋を有料で貸し出す「民泊」をネット上で仲介するエアビーアンドビー（Airbnb）も、日本法人はあるが、やはり支店や現地法人のような一般的な企業形態にはなっていない。世界191か国・6万5000以上の都市で事業を展開しているのに、日本語HPにはブライアン・チェスキーという代表者名やアイルランドのダブリンにある世界本社の住所と電話番号とカスタマーサポートの電話番号が書いてあるだけで、日本法人の所在地や電話番号や代表取締役の名前はない。これが21世紀の世界最先端企業の形なのである。

新しい形になっているのはネット企業だけではない。製造業もずっと前から変化している。たとえば、私がアメリカのスタンフォード大学で教鞭《きょうべん》を執っていた1990年代後半、起業して間もない学生が試作品を作っただけ、従業員20人足らずの段階で、商品を生産してくれる中国の会社を探してくれと頼みにきた。シリコンバレーの企業では当時からそれが当たり前であり、そういう経営を徹底して実践したのが、自前の製造工場を持たずに世界一のスマホメーカーとなったアップルのスティーブ・ジョブズである。

ウーバーやエアビーアンドビーなどの世界最先端企業は生まれた時から〝本籍・地球〟であり、法人税対策だけでなく、すべての機能について「世界の最適解」を追求するという発想で、最初からそういう仕掛けを構築しているのだ。

その結果、すでにウーバーとエアビーアンドビーの時価総額はそれぞれ推定数兆円以上に達しているわけだが、アップル、グーグル、アマゾンなども同じような仕掛けを持っている。つまり、生まれて間もなく本社をアイルランドに移したり、製造をすべて中国企業に委託したり、研究開発や間接業務でサイバースペース上の人材を活用したりして全世界の制度と機能と人をとことん使い切り、すべての業務を「地球上で最適化」しているのだ。それがシリコンバレーの染色体を持った21世紀の世界最先端企業の〝常識〟なのである。

なぜこんなことが可能になったのか？　それを考えることが大切だ。その答えは、スマホにある。スマホのOSはアップルのiOSとグーグルのアンドロイドの2種類しかない。しかし、両者ともにアプリベースでは共通であり、しかも世界共通に使える。実は、20世紀の世界戦略は国ごとに一つずつ展開していたが、スマホベースのシステムを展開する会社は、国ごとに「参入」する必要がない。需要の大きな都市に次々にサービスを展開していけばよいのだ。つまり、21世紀企業は生まれながらにして「本籍＝世界」なのである。

それに比べると、井の中の蛙の経営陣が内ゲバを繰り返して不祥事や業績低迷を招いている日本企業の体質の古さは、20世紀どころか19世紀の遺物と言っても過言ではないだろう。

「一物一価＋輸送料」の時代

海外販売に関しても、昔のように10年、20年かけて国別・地域別にコツコツと自前の代理店網を作っていく時代ではなくなった。そんな呑気なことをしていたら、必ず競合他社に先を越されてしまう。

しかも、今やｅコマースで多くの輸入商品が買えるようになっている。たとえば、中国では「1（シングル）」の数字が並んだ「独身の日」の11月11日、電子商取引最大手アリババグループ（阿里巴巴集団）は24時間セールの売上高が、1日としては過去最高の約2兆8000億円に達した（2017年）。なかでも、日本製の紙おむつや乳児用の粉ミルクなど、中国では代理店が高いマージンを取っていたり、〝メイド・イン・チャイナ〟では満足できない商品が「日本での価格＋輸送料」で買えるとあって人気を集め、「爆買い」が続出しているのだ。

今や世界は「一物一価＋輸送料」になりつつある。個人的な経験で言えば、15年の「向研会」の研修旅行でイタリアを訪れた際に現地（トスカーナ）でワインを購入したら、1本約4000円だった。ところが、同じワインが日本では最安値でも4倍以上の1本1万8000円。現地から別送品として日本に送ったワインは、関税と輸送料を合わせた費用が1本1000円ほどだったから、日本の輸入代理店は1本1万円以上もの暴利を貪《むさぼ》っていることになる。このワインは人気があり、有名レストランでは5万円以上の値段をつけている。自分で輸入すれば5000円のものが、何と10倍になっているのだ。つまり、日本で多くの輸入品が高くなっている理由は関税ではなく、代理店やレストラン、販売店のマージンなのである。これは、完全に時代遅れだ。

法人税も同様である。日本では安倍政権が2017年度に法人税率を32・11％から29・97％に引き下げたが、2％くらい引き下げたところで全く意味はない。なにしろ世界の法人税率の平均は25％で、シンガポールは17％、アイルランドは12・5％なのである。実際、日本が37％から32％に引き下げた時も日本進出企業は増えなかったし、日本企業の設備投資も増えていない。

ボーダレス経済は誰もが〝輸入業者〟

TPP（環太平洋経済連携協定）など貿易に関する交渉では、しばしば関税の撤廃や引き下げが大きな話題となる。しかし、関税だけで消費者の購買の意思決定が影響されると考えるのは、マーケティングを知らなすぎる。

たとえば、消費者は鯖江《さばえ》の眼鏡フレームというだけではなかなか買わないが、同じものにアルマーニのブランドが付けば5倍の値段でも買う。国産豚より高いイベリコ豚も買う。豊かな国では、人々は買いたいものを買うのである。

つまり、関税を云々《うんぬん》する以前に、良いものをリーズナブルな価格で提供しさえすれば、消費者は飛びつくのだ。実際、私は経営コンサルタントとして40年以上にわたって日本企業の国際化を手伝ってきたが、関税が企業戦略に影響したことはない。「あの国は日本に対する関税が高いからやめよう」などという議論は聞いたことがない。その程度で怖気《おじけ》づくような会社は、もともとダメ会社である。グローバル経済は、あくまでも商品の良し悪しで勝負が決まるのだ。

私は30年前から、自分が最も良いと思う商品があれば世界のどこからでも買う「グローバル消費者」の時代が到来したと主張してきた。それを阻害する関税は各国が海外と貿易をし始めた時代の遺物であり、結局は生産者や業界団体、ロビイストの利害を踏まえた〝政治的な力〟が生み出したものである。つまり、関税は嫌がらせであり、恣意《しい》的であり、時代遅れであり、役人と政治家による横暴だ。また、それを撤廃する交渉も政治であり、ゴネ得利権なのである。

だが、今や世界はボーダレス経済だから、すべての人がネットで〝輸入業者〟になれる時代になった。消費者が世界で最も良いものに直接アクセスして購入できる時代である。そういう時代に、関税だの、独占販売権だの、独占代理店だのといって消費者から〝ピンハネ〟するのは、もはや許されることではない。21世紀の国家は、「環太平洋」どころか「環球」、すなわち全世界規模で関税を撤廃した完全に自由な貿易体制を目指すべきなのである。

もし、一気に「関税ゼロ」にすることが無理なら、農畜産物だろうが水産物だろうが工業製品だろうが、すべてのものの現地価格に一律の関税をかければよいと思う。たとえば、その税率を5％とすれば、輸出国と輸入国の双方で2・5％ずつ折半し、輸送費だけプラスする。それくらいの金額は、その商品を欲しいと思っている人の購買動機の障害にはならないはずだ。

一方、いま高級輸入品が高いのは、先に述べたように、独占代理店や販売店が（関税が安く見えるほど）法外なマージンを取っているからだ。生産地とあまり差のない価格で購入できるような透明性の向上が、今後の大きな課題だろう。

そもそも各国政府の究極の役割とは何か？　それは「グッドライフ・アット・ローコスト」、つまりコストを上げずに国民の生活の質を上げること、そのために消費者が世界中から最も良いものを最も安く入手できるようにしていくことである。どれが最も良くて最も安いかは、政府ではなく消費者が決めればよいのである。すでに世界はその方向に大きく動いているのだから、これまで提供者や生産者を守ってきた日本政府も、そういう消費者を優遇する「生活者主権の考え方」に基本方針を改めなければならないのだ。

“21世紀の黒船”が迫る日本の“開国”

21世紀のグローバル経済は、アメリカで誕生したＩＴ企業が急成長し、世界を席巻している。たとえば、アップル、アルファベット（グーグルの持ち株会社）、マイクロソフト、アマゾン、フェイスブックという上位5社の時価総額の合計は2兆9000億ドル（約320兆円）に上る（英『エコノミスト』誌2017年6月3日号／日経電子版）。これは世界全体のGDPの4％、日本のGDPの6割以上だ。

アメリカ発の世界覇権企業の中でも、新しいビジネスモデルで日本の国内市場にいわば〝開国〟を迫っているのが、アマゾン、ウーバー、エアビーアンドビーなどの〝21世紀の黒船〟である。

いち早く日本に上陸したアマゾンは、もはや〝無敵〟だ。日本経済新聞（2017年6月28日付）がまとめた16年度の小売業調査によると、アマゾンジャパンの売上高は初めて1兆円を突破した。ヤマト運輸がドライバーの負担を軽減するために基本料金の値上げやアマゾンの当日配送を受け付けない対処をしたため、アマゾンは独自の物流網の構築を進めている。生鮮食品や日用品などを取り扱う「アマゾンフレッシュ」も、東京都と千葉県で対象エリアを拡大している。

さらに書籍販売では、一部の既刊本について出版取次大手の日本出版販売（日販）を介さず、出版社から直接取り寄せる方式に変更した。おそらく今後はアマゾンによる出版業界の構造変革が起きるだろう。

結果的にこれほど日本でアマゾンを強くしたのは、日販やトーハンなどの取次と出版社や新聞社などが守ってきた「再販売価格維持制度（再販制度）」である。本がディスカウントできるアメリカでは、アマゾンは割引販売で爪に火を灯しながらシェアを獲得してきた。一方、再販制度によって本が定価でしか売れない日本では送料をタダにしても儲かるため、最強の物流網を構築できたのである。つまり、アマゾンに〝軍資金〟を送り込んだのは再販制度なのだ。もともと出版文化を維持する目的で生まれた再販制度が、今は出版業界の首を絞めているわけで、実に皮肉な話である。

今やアマゾンはクラウドコンピューティングサービスの分野でも世界最強になっている。ネット通販では、出品者に対して競合他社と同等以上の扱いを求める契約が独占禁止法違反にあたる可能性があるとして公正取引委員会の審査を受けたが、この問題はアマゾンが自発的に条項を削除したため解決した。今後、アマゾンは穏便にゆっくりと、しかし着実にシェアと収益を拡大していくだろう。

〝21世紀の黒船〟３社のうち、日本で最も苦戦しているのはウーバーだ。同社は２０１４年に上陸し、東京でタクシー配車サービスを開始したが、すでに東京からは撤退した。現在は過疎地のライドシェア（相乗り）サービスにシステムを提供したり、飲食店の料理を自転車などで配達する「ウーバーイーツ」を展開したりする程度で、なかなか事業を拡大できずにいる。

その理由は、そもそも日本では一般人の自家用車による有償旅客送迎が〝白タク行為〟として法律で禁じられている上、いち早く日本のタクシー業界が対抗策を講じたからである。ウーバー上陸に危機感を募らせた日本交通の川鍋一朗会長がスマートフォンのタクシー配車アプリ「全国タクシー」を開発し、それを使えば全国47都道府県の提携タクシー会社１６３

グループのタクシー約３万台の中から近くを運行中の車両を簡単に呼ぶことができるようになった。それによってウーバーは完全に封じ込められてしまったのである。今後、規制緩和で白タクが認められれば、もうひと波乱あるかもしれないが、その緩和の方針が未だ見えない現時点では予測不能だ。

ますます〝猛威〟を振るうエアビー

一方、既存業者を取り込んで〝圧勝〟し始めたのがエアビーアンドビーだ。日本政府観光局の統計によると、２０１６年に日本を訪れた外国人数は過去最高の約２４００万人に達したが、国内のホテルや旅館などに宿泊した人数は約１９００万人しかいなかった。では、その差５００万人はどこへ消えたのか？　実はそのうち３７０万人はエアビーアンドビーを利用したことが判明した。違法な民泊が問題視されていたにもかかわらず、実際には日本最大のホテルチェーンよりも多くの訪日外国人客が利用していたのである。

２０１７年の訪日外国人客数も過去最高の約２８６９万人となったため、民泊利用者数はさらに増えたと予想される。

エアビーアンドビーのホストサービス料（仲介手数料）は宿泊料金の３～５％だ。これは、仲介手数料が宿泊料金の10％以上と言われているエクスペディア（Expedia）、アゴダ（agoda）、ブッキングドットコム（Booking.com）など従来のオンライン旅行サイトよりも格段に安い。

そのため、もともと既存のホテル・旅館は民泊に反対していたが、集客に苦労している宿泊施設は、今や続々と仲介手数料が安いエアビーアンドビーに登録している。こうなると、もうここから先はエアビーアンドビーの天下だろう。

たとえば、中国人観光客は大人数で来日するケースが多く、ホテルや旅館の場合は複数の客室を確保しなければならないので、宿泊費が嵩《かさ》んでしまう。しかし、エアビーアンドビーならマンションの広い1室や戸建て住宅・別荘の1棟貸しがあり、大人数でも同一料金で宿泊することができる。長期出張で1か月貸しということも可能である。

しかも、宿泊料金はホストが随時自由に決定・変更できるし、利用者からの評価やトラブル客への対策も進んでいる。エアビーアンドビーはゲストにとってもホストにとっても、極めてメリットが大きいのだ。日本ではカルチュア・コンビニエンス・クラブ（CCC）やリクルートの「SUUMO」と事業提携したので、いっそう市場が拡大すると予想される。もはやエアビーアンドビーの〝猛威〟に逆らうことは困難だろう。

さらに2017年6月に「民泊新法」が成立し、1年以内に施行されることになった。「年間の営業日数の上限は180日」という条件付きだが、エアビーアンドビーに登録している宿泊施設の年間平均営業日数は100日だから、何の問題もない。このままいくと、オンライン旅行サイトはエアビーアンドビーの〝独り勝ち〟になる可能性もあるだろう。

“富を4倍に増やす”発想の転換

民泊の猛威は、不動産投資や資産運用の常識をも変えていく。

私は「アタッカーズ・ビジネススクール」の学生Aさんに対し、こんな問題を出した。Aさんが所有・居住している東京都心の2LDKのマンションを活用して富を4倍にする方法を考えよ、と。その答えは、エアビーアンドビーで部屋を貸し出し、自分は今よりも良い賃貸物件に引っ越す、である。

なぜなら、Aさんは住宅ローンを月々25万円ほど返済しているが、2部屋ともツインルームとして旅行客に1泊4万〜5万円で貸し出せば、東京都心ではホテルが不足しているので、管理費用などを差し引いても月100万円くらいの収入が得られるからだ。

実際、東京都心に2LDKのマンションを所有している友人がエアビーアンドビーで2部屋をそれぞれツインルームとして1泊4万円で貸し出したところ、毎日利用者が来て月収120万円になった。このマンションは通常の賃貸だと月25万円が上限だったので、収入が4〜5倍に跳ね上がったことになる。中国人観光客などは、たいがい4〜5人でやってくるので普通のホテルに泊まると（仮にホテルの予約ができたとして）総額1泊10万円くらいかかるが、このマンションなら4万円で済むし、キッチンを使って自炊できるのも利点となっている。

また、箱根湯本に温泉付きマンションを持っている友人の場合は、維持費や管理費、固定資産税などのコスト負担に頭を悩ませていたが、エアビーアンドビーで貸し出してみたら、やはり毎日のように中国、ヨーロッパ、オーストラリアなどからの外国人観光客が宿泊し、月収が100万円を超えた。部屋の掃除や鍵の受け渡しなどを代行してくれる人に月30万円払っているが、それでも十分お釣りがくる状態だという。

そういう外部経済から富を得る新しいエコノミクスが突然出現したのである。これを活用すれば、70歳以上まで重い住宅ローンを抱えて苦労をしている人でも、余裕のある生活が可能になるのだ。

「無」から「有」を生む方法

一方、大都市では不動産価格が上昇してきている。不動産専門のデータバンク「東京カンテイ」の調査によると、2017年12月の70㎡あたりの中古マンション価格は東京23区で5340万円、都心6区では7367万円に達している。この価格だと、普通のサラリーマンにはなかなか買えない。

だが、ここでも発想を転換すべきだ。つまり、都心部の便利なエリアに、中古でいいから2DK以上の安いマンションを新たに購入し、それを冒頭で紹介した学生と同じ要領で民泊に貸し出して、自分は別の賃貸住宅に住めばよい。これまで日本人の多くは「マイホーム取得は男子一生の仕事」とか「終《つい》の棲家《すみか》」といった考え方をしてきたが、もはやそういう時代ではなくなったと心得るべきである。

いま求められているのは、このように外部経済を活用して「無」から「有」を生むという発想だ。

たとえば別荘。軽井沢は中国人の憧れの的で、今やホテルなど宿泊施設は全く空きがない状況だ。その一方では、所有者が高齢になったりしてほとんど使っていない別荘がたくさんあり、その人たちは維持費と固定資産税に悩んでいる。ならば、そういう別荘を民泊ビジネスに活用すればよい。冬の軽井沢を訪れる日本人は少ないが、中国人は四季を通じて押し寄せるので、十分商売になるはずだ。

別荘を観光客に貸し出すと近隣から苦情が出るという懸念があるなら、近隣ごと借り上げてしまえばよい。そして掃除や鍵の受け渡しなどの管理代行業務を組織的に運営する体制を整えれば、効率的になってコストダウンを図ることもできる。これはアメリカやカナダ、オーストラリアなどのリゾート地では当たり前のサービスだ。日本には軽井沢だけでなく熱海、箱根、伊豆高原、越後湯沢などに、年に2週間ほどしか利用されていない別荘や全く使われなくなったゴーストマンションが山ほどあるので、それらをまとめてエアビーアンドビーを介さずダイレクトに貸し出し、管理代行業務も請け負うサービスを展開すれば、大きなビジネスになるはずだ。

世界にあふれる「海外逃亡マネー」

観光庁によると、2017年の訪日外国人客数は前年比19・3％増の2869万1000人、訪日外国人が日本滞在中に買い物や宿泊、飲食などに使った消費額は同17・8％増の4兆4161億円で、ともに過去最高を記録した。国・地域別ではどちらも中国が1位で、訪日客数は前年比15・4％増の約735万人、訪日客の消費額は同14・9％増の1兆6946億円だった（速報値）。

とはいえ、中国人観光客や中国マネーは日本だけに押し寄せているわけでは、もちろんない。むしろ日本へ来ているのは規模が小さい。人数的には（費用が安い）タイへの旅行者が一番多いし、アメリカのシアトルやハワイ、オーストラリアのシドニーなどでは、中国マネーによって不動産の優良物件の価格が数倍に跳ね上がっている。たとえばシドニーでは、大晦日恒例の盛大な年越し花火を見ることができる眺望抜群のマンションが、従来の1億～2億円から5億～7億円に暴騰している。中国国内では上海や北京の3LDK～4LDKの物件が8億円くらいするため、それに比べれば割安で安全ということで、中国人の金持ちが競うように買い漁っているからだ。

さらに、習近平政権のトラ狩り（反腐敗キャンペーン）や不動産バブルの引き締めにより、国内の不動産投資が凍結された上に元安の傾向が見られるため、今のうちに海外に資産を移転しようとする動きが加速している。個人で持ち出すのは難しいから、企業のM&Aに便乗した形で海外逃亡しているケースが多いと思われる。だから、このところ中国企業による海外M&Aが増加しているのだ。そして海外に持ち出した資金でホテルやマンションを丸ごと買い、それをまた中国人投資家に3倍、4倍の値段を付けて売っている。最近は中国当局の規制が厳しくなっているため、今後沈静化していく可能性もある。それでも、この流れが完全に止まることはないだろう。

中国資本が席巻……と批判的に見る向きもあるが、バブル期の日本もハワイやロサンゼルスなどでホテルや商業ビルを続々と買収した（結局、その大半はポシャってしまった）。いずれ歴史は繰り返すと思えば、ここで目くじらを立てる必要はない。むしろ外部経済・中国マネーは利用してナンボと割り切って、そこから富を得るビジネスを考えればよいのである。

〝東京ミニバブル〟をどう見るか

ここ数年、東京の不動産市場はミニバブルの様相を呈している。不動産経済研究所の調査によると、2015年度の東京都区部の新築マンションの1戸あたり価格は6842万円、1㎡あたり単価は100・1万円で、14年度に比べて1戸あたり810万円、1㎡あたり11・9万円も上昇し、すでにリーマン・ショック前の07年度のミニバブル期を上回っているという。17年はさらに上がって1戸あたり価格が7089万円と7000万円を突破し、1

㎡あたり単価は108・3万円になった。今後も都心部や湾岸部で高層マンションが続々と計画されている。

その一方で、中古マンション価格の上昇が鈍り、ミニバブル崩壊を予測する声も出てきている。だが、私は、このミニバブルは当分続くと見ている。なぜなら、中国、香港、台湾、シンガポールなどの富裕層や企業のマネーが東京に流れ込んでいるからだ。東京は安全・安心で、空気がきれいで、交通が便利で、食事が美味しい。しかも、マンションの価格が中国やシンガポールに比べると、まだまだ安い。たとえば、北京や上海のマンションの1㎡あたり単価は約400万円に達しているが、東京は高額物件でも200万円くらいだ。

中国マネーの流入は、世界的なものである。前述した習近平政権のトラ狩りや不動産バブル引き締めと元安傾向によって、中国人が海外に持ち出したカネは2016年1〜3月の3か月間で103兆円に達したとも言われている。

不動産というものは、国境を越えて交易する。たとえば、上海のマンションを売却して得た利益で東京のマンションを購入したり、その逆のことをしたりできるのだ。それが、今のアメリカのシアトルやハワイ、オーストラリアのシドニーなどでの中国マネーによる不動産の暴騰につながっているわけで、このブームは東京だけのものではない。日本の富裕層や企業が1980年代後半のバブル期にハワイやロサンゼルスなどでコンドミニアムやホテル、商業ビルを買い漁っていたのと同じである。

「財源」は日本ではなく海外にある

中国人にとって、不動産が自由に売買できる東京はさらに魅力的だ。おそらく、一般の中国人に日本で土地・不動産を買えるかと聞けば、多くが難しいと答えるだろう。中国では土地は共産党のものであり、所有できないからだ。しかし、実際は日本ならいくらでも売買できる。オーストラリアはFIRB（外国投資審査委員会）の事前認可が必要で、買うことはできるが、オーストラリア人にしか売れない（※）。アメリカは地理的に遠い。だから、近くて割安な日本の不動産は、中国人の富裕層にとって垂涎《すいぜん》の的になるわけだ。

※JETROのHPによれば「長期滞在者は、投資を目的とした住居を購入することはできない。居住者でない外国人が、投資を目的とした中古物件を購入することは、原則できない」とされる。実際には買うことができるが、売る時は現地の人間にしか売れないと解釈されている。外国人同士で売り買いして相場が高騰するのを防ぐ目的がある。

日本は相続税などが高いから、帰化や永住まではしないだろうが、中国をはじめとするアジアの富裕層は「最後は東京」ということになるかもしれない。欧米人の富裕層の多くは「最後はロンドン」と考えるが、アジアにおける東京のポジションは、それに近づいているような気がする。だから、今の東京ミニバブルは当分続くと思う。つまり、１９８０年代のバブル期とは構造が異なり、財源が日本ではなく海外にあるので、今後もしばらくは枯渇することがないと考えられるのだ。

その上、訪日中国人観光客も相変わらず増え続けている。中国株急落や不動産バブルの崩壊懸念によって訪日中国人観光客が減少すると危惧する見方もあったが、それは中国人を十把一絡げにしていることによる考え違いだ。

もちろん、中国人の中には汚職などで蓄財した輩《やから》もいれば、不動産投機や株投機に失敗して財産を失った人もいる。だが、都市部の中国人の多くは住宅をいったん高値で売り抜け、それなりに貯蓄率も高い健全なミドルクラスになっている。そして、このうち一度日本を訪れた人の大半は日本が好きになり、リピーターになっている。だから中国国内の景気が悪くなっても、中国人観光客は今後も日本にやって来ると思う。

中国人が中国客で稼ぐ時代

そして、いま彼らの間で人気を集めているのが〝中国版エアビーアンドビー〟である。「自在客」「住百家」「途家」といった中国系民泊仲介サイトが日本でのサービスを拡大して急成長しているのだ。これらが増え続ける中国人観光客に部屋を貸し出しているわけだが、それでも宿泊施設のキャパシティが全く足りないため、「自在客」や中国で圧倒的に強い「上海春秋国際旅行社」などは日本で自前のホテルを建設することを計画しているという。

中国人観光客が日本に来て落としていくはずのカネを、中国企業や中国人がちゃっかり回収する仕組みが着々と出来上がりつつあるのだ。

実際、いま中国から日本にやって来るクルーズ客船の多くは、ホテル代わりになっている。たとえば、九州・福岡の博多港に入港するクルーズ客船は1隻約4000人の乗客を運んでくるが、乗客たちは日中は観光に出かけ、夜は船に戻って宿泊している。九州は高速道路などの交通網が発達しているので、福岡から熊本や鹿児島あたりまでバスで日帰りもできるからだが、結果的に九州の地元には宿泊や滞在に伴う観光収入があまり入らなくなっている。

ところが、こうした動きに、九州以外の多くの日本人はまだ気づいていない。そのためデベロッパーも、中華系の富裕層を狙って東京都心部に1戸200㎡くらいの超高級マンションを建設する勇気がない。また、ゼロ金利時代は「資産をキャッシュに」がキーワードであり、資産からどうキャッシュを生むかを考えるべきなのに、日本人の多くは利息のつかない銀行預金や、ローンが残っている支払いだけの不動産のまま〝塩漬け〟にしている。その間に、中国人たちはどんどん日本で同朋を相手に稼いでいるのだ。

私は日本側の対案がなさすぎると思う。知恵を絞れば、ビジネスの〝鉱脈〟はたくさんあるはずだ。たとえば、かつて欧米の豪華客船が日本に来航していた時代は、神戸港で乗客を降ろし、バスで京都や奈良、富士山、日光、東京を観光して横浜港から同じ船で帰る「オーバーランド」という方法が主流だったが、中国企業と提携して中国人観光客向けにそうしたツアーを企画するなど、日本にカネを落とすためにやれることはいろいろあると思う。現実には「成田空港に黒塗りの大型ミニバンがあふれている」といった話をよく聞く。実態は、バイドゥなどで現地からの団体客を募り、日本でガイド兼ドライバーをしている中国人留学生などの仕業である。今やコンビニなどでアルバイトする必要がないくらい、オーバーランドツアーの添乗で留学生たちは潤っているのだ。日本人も日本企業も、もっとアグレッシブに中国人のニーズに対応し、この千載一遇のビジネスチャンスを生かすべきである。

〝アイドル〟をフル活用せよ

先に「自在客」「住百家」「途家」といった個人の空き部屋を観光客などに有料で貸し出す中国系民泊仲介サイト、いわば〝中国版エアビーアンドビー〟が日本でのサービスを拡大していることについて解説したが、私は数年前から「アイドルエコノミー」と「シェアビジネス」に着目してきた。アイドル（ｉｄｌｅ）は「空いている」「働いていない」「使われていない」という意味で、ウーバーやエアビーアンドビーのように空いているリソース（資産）、キャパシティ（容量）、時間、能力などをシェア（共有）して活用するビジネスが世界中で急成長しているのだ。

そんな中、トヨタ自動車が、ウーバーの運営会社「ウーバー・テクノロジーズ」との資本業務提携を発表した。トヨタは、ウーバーに登録し自家用車で有料で客を運ぶ「ライドシェア（相乗り）」の運転手に対して自動車をリースし、車載アプリの開発でも協業するという。

トヨタと世界トップを競うVWやGMも、かなり積極的にウーバーと同じようなベンチャー企業に投資しており、トヨタの投資は、むしろ小規模で遅すぎた感さえある。

実際、海外ではシェアビジネスの新業態が続々と登場している。たとえば、ウーバーはサンフランシスコ、ロサンゼルス、ニューヨーク、ボストンなどで「ウーバー・プール（UberPOOL）」という〝相乗りタクシー〟の運用を始めている。同じ方向への通勤や市内―空港間などで1台のタクシーに相乗りするというサービスで、他の乗客とシェアすることによって料金が安く（割り勘に）なる。アプリのメニューでプールを選ぶと、同じようなルートを利用する他の乗客とマッチングしてくれる（タイミングによってはマッチングできない場合もある）。

また、サンフランシスコやニューヨークでは朝夕の通勤時に多数の乗客を相乗りで運ぶ〝乗合バン〟の「チャリオット（Chariot）」というサービスもある。クラウドファンディングを活用して住民からルートを募集し、同一ルートに120～200人が投票したら運行が始まる仕組みで、利用する時は事前にアプリで席を予約できるという。いわばフィリピンの小型乗合バス「ジープニー」の進化版である。

「ラスト1マイル」を埋めるビジネス

日本でも、2018年1月から国土交通省が相乗りタクシーの実証実験に乗りだし、前述のタクシー配車アプリ「全国タクシー」を展開する日本交通や大和自動車交通などがこれに参加するといった動きも出ている。日本の場合、これまで乗合タクシーが走っているのは、成田、羽田、中部空港と長野県、新潟県、群馬県、埼玉県との間や地方空港と最寄りの主要都市との間（もしくは交通の便が非常に悪い地域など）くらいで、通勤に特化したものは聞いたことがなかった。だが、首都圏でウーバー・プールやチャリオットのようなサービスを展開すれば、ラッシュアワーの満員電車から逃れたい人たちの利用が大いに見込めると思う。地方都市なら、マイカーで通勤する人が減って、朝夕の渋滞が緩和されるだろう。

さらに、お盆や年末年始に帰省する時も、同じ郷里に向かう人たちをマッチングして相乗りタクシーを運行すれば、料金は高速道路も含めて割り勘になり、ドア・ツー・ドアで移動することができて便利だから、相当なニーズがあると思う。このライドシェアというやり方は、ネット時代ほど〝集客〟が楽になり、料金も下げられるメリットがある。

シェアビジネスは、荷物の配送でも大きな可能性がある。たとえば、アマゾンなどのeコマースや通販で購入した商品を届ける場合、昼間は7割くらいの家が留守だ。このため再配達が大変で、宅配便にとっては午後6～9時が最もコストのかかる苦手な時間帯になっている。したがって、デポから各家庭までの「ラスト1マイル」の夜間の配達——ここを埋めるサービスをウーバー的な仕組みでやれば、エンドレスにビジネスチャンスが出てくるのだ。

具体的には、サラリーマンが帰宅後2～3時間の小遣い稼ぎとして宅配会社に登録し、定時で帰宅した時に近隣にあるデポで夜間の再配達になった荷物や配達時間が午後6時以降に指定された荷物を自分の車、バイク、自転車で配達する。これもスマホを組み合わせることで、荷物の配達だけでなく集荷にも活用できる。やはり「全国タクシー」アプリのようなシステムを使って、利用者の自宅から最も近い場所にいる車をスマホで探し、「〇分以内」に集荷できるようにすることも可能だ。タクシー会社が空車率の高い時間帯に配達や集荷を請け負うという方法もあるだろう。すでにウーバーはアメリカの大都市で荷物の配達・集荷サービスや料理の宅配サービスを展開している。

規制緩和ができるかどうか

しかし、日本は有償で人間や荷物を運ぶ時は細かくて厳しい法規制がある。たとえば、自家用車を使うことはできないし、旅客自動車運送事業を行なう場合、運転者は第二種運転免許を保有していなければならない。だから日本ではウーバーのサービスが拡大しないのだ。あるいは、荷物の運送事業を自動車や三輪以上の軽自動車、二輪の自動車を使って行なう場合は貨物自動車運送事業法の規制対象になる。

アメリカでは、帰省などで長距離ドライブする時は、タクシーではなく、同じ目的地に向かう個人の自家用車に相乗りすることが当たり前になっている。ネットで同乗者を募集し、ガソリン代などを割り勘にして交代で運転するのだ。しかし、日本でそういうことをタクシー事業者以外が有償でやったら、いわゆる「白タク」（自家用車を使い無許可でタクシー営業を行なっている車）とみなされ、違法行為になってしまう。

だが、今後はこれらの規制を大幅に緩和するなり、新しいルールを作るなりして、アイドルエコノミーとシェアビジネスの拡大を後押しすべきである。すでにエアビーアンドビーなどの民泊サービスは事実上、自由化されている。一気に民泊が普及したことや、東京、大阪、京都などで宿泊施設が全く足りない状態になっていることが背景にあるが、旅客自動車運送事業や貨物自動車運送事業も、前述したようなシェアビジネスを誰かが（地域限定で）いきなり始めて、みんなで使いまくってしまえばよいと思う。ドライバーがプロでないと運転技能や安全性に対する危惧が出るかもしれないが、それこそウーバーやエアビーアンドビーのように利用者がレビューで評価すればよいのである。

とにかくアイドル（施設や人間などの空き）は、すべて商売になるのだ。この領域を開放しなければ、日本はシェアビジネスでも世界に取り残されてガラパゴス化してしまうだろう。

今の状況は西部開拓時代と似ている

いま世界では、第４次産業革命（インダストリー４・０）が進行中だ。

第１次産業革命（18世紀後半）では蒸気機関による「機械化」、第２次産業革命（20世紀初頭）では電力・石油による「重工業化」と「大量生産」、第３次産業革命（１９７０年代〜21世紀初頭）ではコンピューターによる「自動化」が起きた。そして第４次産業革命（２

010年以降）ではＡＩ（人工知能）やビッグデータ、ＩｏＴ（モノのインターネット）による「自律化」が推進していく産業構造の大転換が始まっているのだ。

実は、第４次産業革命下における21世紀の「成功の方程式」は、第２次産業革命の時代と似ている。突出した「個人」が新しい事業を興《おこ》して革命を牽引し、莫大な富を創出するという点が共通しているのだ。

たとえば、第２次産業革命の牽引役はスタンダード・オイルを創業した「石油王」ジョン・ロックフェラーやカーネギー鉄鋼会社を創業した「鋼鉄王」アンドリュー・カーネギー、フォード・モーターを創業した「自動車王」ヘンリー・フォード、ＧＥの始祖トーマス・エジソンといった人たちだった。

それと同様に、今の第４次産業革命では、グーグル共同設立者のセルゲイ・ブリンとラリー・ペイジ、フェイスブックを創設したマーク・ザッカーバーグ、ペイパルやスペースＸ共同設立者のイーロン・マスクらが革命をリードし、富を創出しているのだ。

この状況は、19世紀後半のアメリカの西部開拓時代とも似ている。西部開拓時代はボストンやニューヨークなどの東部の都市に安住しないで危険な西部に向かい、金鉱を発見したり、荒野を切り開いて牧場や農場を作ったりしたパイオニアが大きな富を手に入れた。つまり「リスクを取って先に動いた人」だけが莫大な利益を得たのである。

世界で急成長している日本企業

いま、かつての西部に匹敵するのは、パケット通信網が世界を覆ったことによって出現した「見えない新大陸（THE INVISIBLE CONTINENT）」だ。私は２００１年に上梓した『新・資本論』（東洋経済新報社）の中で、21世紀の富は「実体経済」「ボーダレス経済」「サイバー経済」「マルチプル経済」という四つの経済空間で構成される見えない新大陸で創出されると予測した。そして、この新大陸を制するのは、西部開拓と同じく先に動いて四つの経済大陸に杭を打った人たちだ、と述べた。

実際、現在の第４次産業革命では、リスクを取って先に動いた人たちがＡＩやビッグデータ、ＩｏＴを駆使して見えない新大陸を懸命に開拓している。日本企業は第２次産業革命と同じく、まだ「太平の眠り」を貪《むさぼ》っている状況だが、注目企業もいくつか現われ始めている。

たとえば、金融とＩＴ（情報技術）を組み合わせた「フィンテック（FinTech）」が世界でいま最も進んでいるのは、欧米でもアジアでもなくアフリカである。電気や水道、電話などのインフラが整備されていないため、かえってスマホ中心の経済が一気に広がったのだが、そのアフリカで急成長している日本企業が、２００４年創業のビィ・フォアードだ。同社は日本の中古車や中古の自動車部品をＥＣ（電子商取引）サイトでアフリカなどの新興国に輸出・販売し、16年度の売上高は４００億円、中古車輸出台数は11万１６５２台に達している。

サイトへのアクセス数がアフリカではトップ10に入るというのが特徴だ。

あるいは、中国EC最大手のアリババグループが運営する越境ECサイト「天猫国際（Tモールグローバル）」の中の越境ECの範疇《はんちゅう》で大きな話題を集めているのが、美容フェイスマスクを専門に扱う化粧品会社のクオリティファーストだ。社員5人で年商約40億円。そのうち、ほぼ半分が中国での売り上げだ。日本国内での商品体験会に在日中国人を招待したり、中国のタレントやスポーツ選手などに商品を提供したりしてSNSやブログで拡散してもらうという戦術によって、2016年11月11日の「独身の日セール」の部門別売り上げで同社の商品が1位を獲得し、化粧品カテゴリー全体でも4位になったのである。

メルカリ、バイマは「商い無限」

さらに、日本唯一のユニコーン企業（推定時価総額1000億円以上の非上場企業）と言われているのが2013年創業のメルカリだ。フリマアプリ「メルカリ」の運営会社で、スマホで売りたい物の写真を撮って特徴を入力するだけで簡単に出品できる。お金のやりとりはメルカリが仲介し、購入者が届いた商品に納得したら出品者に代金が振り込まれるという安心・安全なエスクローを介した売買システムを採用した。それがユーザーに支持されてアプリのダウンロード数は1億を突破し、そのうち3分の1はアメリカが占めている。

そしてもう1社、私が注目しているのがソーシャル・ショッピング・サイト「バイマ（B

UYMA)」を運営している2004年創業のエニグモだ。この会社は海外に駐在している日本人社員の奥さんなどのパーソナルショッパー(バイヤー)が直接買い付けした世界中のブランド品を安価で購入できる越境ECサイトだ。パーソナルショッパーは139か国・約10万人に達し、登録会員数は468万人、アプリのダウンロード数は200万を突破している(2017年10月末時点)。これは、いわば〝空いている主婦〟を活用した「アイドルエコノミー」だが、このビジネスは商い無限だ。従来、海外で買い付けて高いマージンを取ってきた輸入業者や百貨店は、このままではあっという間に取って代わられるだろう。

エニグモとビィ・フォアードは生まれてからまだ14年、メルカリに至ってはわずか5年しか経っていない。第4次産業革命では、いかに先行者利益が大きいかがよくわかるだろう。

21世紀の見えない新大陸を開拓していくのは従来のエスタブリッシュメント層(大企業)の外側にいる突出した個人だ。彼らは、アイデア一つで世界を変える。一方、衰退著しい百貨店業界を見てもわかるように、今までの秩序に従順な人間はリスクを取って新しい世界に飛び込もうとしないから、そもそも新大陸に杭は打てないのだ。

にもかかわらず「働き方改革」で同一労働同一賃金などと〝鎖国〟のような内向きの政策を続けている日本政府や経団連は完全に時代遅れだ。彼らは、黒船を見て「たった4杯で夜も眠れず」となった江戸時代の人間と同じように、第4次産業革命を目の当たりにして眠れなくなるだろう。

リーズナブルで豊かな生活を求めて

２０１７年４月、松坂屋銀座店などの跡地に複合商業施設「ＧＩＮＺＡ ＳＩＸ《ギンザシックス》」がオープンした。来館者数は開業18日で１５０万人を突破し、目標を上回る好スタートと報じられた。

しかし、私は開業前から、この新施設に疑問符を付けている。報道によれば、「ＧＩＮＺＡ ＳＩＸ」運営会社の中核であるＪ・フロントリテイリング（大丸松坂屋百貨店の親会社）の山本良一社長は「脱・百貨店」「日本で類を見ない商業施設」などと強調している。たしかに森ビル、住友商事、Ｌキャタルトンリアルエステート（ＬＶＭＨグループの不動産投資・開発会社）と組んだ運営形態は「類を見ない」かもしれないが、それは裏を返せば、土地を提供する以外に百貨店として新しい提案ができなかった、ということではないか。

総店舗数２４１店のうち旗艦店が半数以上の１２２店舗を占め、銀座初出店も81店舗あるので、高級ブランドや目新しい商品の〝ショールーム〟として見学に訪れる客は多いだろう。だが、見た目は従来の百貨店と代わり映えがしないし、高価格帯の店が多いから、実際に購入する人は少ないと思う。一方、銀座の一等地だからテナント料は非常に高い。となると、広告宣伝塔の役割が大きく、採算度外視のケースが多い旗艦店はともかく、他の店は採算を取るのが難しいので、もしかすると短期間で撤退するテナントが続出するかもしれない。

そもそも、今の日本の若い消費者には、もはやかつてのようなブランド信仰はない。百貨店だけでなく、軽井沢のアウトレットモールなどでも、高級ブランドを集めたエリアは閑古鳥が鳴いている。私はそこで愛用しているコールハーンの靴をよく買うが、他の客はほとんど見ない。

社会デザイン研究者の三浦展《あつし》氏によれば、いま若い女性に最も人気がある街は高円寺だという。その理由は、おしゃれな古着屋やシェアハウス、女性一人でも気軽に入れる飲食店がたくさんあるから。つまり、一人暮らしの女性がリーズナブルに、そこそこ豊かな気持ちで安心して暮らせる街なのだ。そういうライフスタイルを好む女性たちは、かつてアパレルの〝聖地〟だった伊勢丹新宿店には行かないし、ましてや「GINZA SIX」には見向きもしないだろう。

世界的に進む「ブランド崩壊」

百貨店の苦戦とブランドの崩壊は、世界的な現象だ。たとえば、アメリカでもメーシーズやJCペニーなどの百貨店は大規模な店舗閉鎖と人員削減に追い込まれている。実店舗を大々的に展開するアバクロンビー&フィッチ、J・クルー、ギャップ、バナナ・リパブリックといった既存のアパレルブランドも軒並み業績が低迷し、店舗閉鎖とリストラを余儀なくされている。未だにブランドをありがたがっているのは、日本人の一部と中国人くらいである（もっとも、エルメスやモンクレールなどの超高級ブランドはこうした傾向の外側にいて、未だに健闘している）。

百貨店や既存のアパレルブランドが凋落《ちょうらく》したのは、消費者の購買行動がリアルからサイバーにシフトしたことが最大の原因だ。家電量販店が不振に陥ったのと同様に、今や大半の消費者は実店舗（＝ショールーム）では現物を確認するだけで、買う時は価格コムなどでEC（電子商取引）サイトの値段を調べ、最も安い物を購入する。この現象が、今後は国境も業界も関係なく広がっていくことは間違いない。

そんな新しい消費者がフル活用しているのが「越境ECサイト」だ。代表的な例は、前述したフリーマーケット（フリマ）アプリのメルカリやソーシャル・ショッピング・サイトのバイマである。それらの仕組みの特徴はCtoC（消費者間取引）ではなく、企業（Business＝メルカリやバイマ）を間に入れた「CtoBtoC」だということだ。

たとえばメルカリの場合、お金のやりとりはメルカリが仲介し、購入者が届いた商品（中古品）に納得したら出品者に代金が振り込まれるという安心・安全なエスクローを介した売買システムを採用している。それがユーザーに支持されてアプリのダウンロード数は1億を突破し、そのうち3分の1はアメリカが占めているので、アメリカ版メルカリを利用すれば、アメリカで出品されている商品も簡単に購入できる。一方、バイマの場合は、先に述べた海外139か国に駐在している日本人社員の奥さんなどのパーソナルショッパー約10万人が現地で直接買い付けした商品（新品）を安価で買うことができる。

家には〝在庫の山〟がある!

その背景にあるのは、ネットやスマホの普及と物流の進化である。「CtoBtoC」といっても、メルカリやバイマのマージンは10%+物流・通関料なので、実質的には「CtoC」「パーソンtoパーソン」だ。しかも商品は世界中ほとんどの国から急げば24時間、遅くても48時間で自宅に届く。この出品価格や現地価格に10%のマージンと物流コストを上乗せしただけの価格で48時間以内に届くという「メルカリ&バイマ現象」は流通小売業の本質的な変化であり、とくに流通経路の長かった日本においては革命的な進歩である。

これまで百貨店や輸入品の国内販売特約店は、輸入品に60~80%のマージンを上乗せした定価で売っていた。つまり、現地仕入れ価格の3~5倍の定価を付けていたわけで、売れ残った商品をバーゲンセールやアウトレットで3~5割引きで売っても損しないほど大きなマージンを取っていたのである。その構造が「マージン10%+物流・通関料だけ」のバイマによって急激に崩されているのだ。

また、メルカリの台頭は従来のフリマサイトだけでなく、リユース業者にも打撃を与え始めている。今まで消費者は不用品をリユース業者に二束三文で売り払っていたが、メルカリを利用すれば、もっと高い値段で売れることに気づいたからだ。『週刊東洋経済』(2017年5月13日号)によれば、16年夏以降、大手リユース会社の既存店売上高が前年割れになっているという。消費者にしてみれば、メルカリなら家にある〝不良在庫の山〟を簡単に処分できる上、そのお金でまた新しいものが買えるので、まさに一石二鳥である。一方、再販できる中古品が良い値段で売れる、ということに気がついたDMM.com傘下の「キャッシュ」のようなEC事業者が精力的に中古品を買いまくっている。

今のところはメルカリで現金やライブチケットが出品されたり、アマゾンでの詐欺が社会問題になったりしているが、そうした不正行為も購入者のレピュテーション（評価）や事業者側の規制などによって、いずれ淘汰《とうた》されるはずだ。

もはや、この「CtoC」「パーソンtoパーソン」の流れは止まらない。「個」が世界を動かす時代の象徴の一つと言えるだろう。

1日で2・8兆円が動いた「独身の日」

中国のeコマース市場の急拡大が世界を激変させようとしている。その中核となっているのは、中国のネット通販最大手アリババグループだ。

同社は2016年6月、中国の家電量販最大手「蘇寧雲商集団（旧・蘇寧電器）」との協業の具体策を発表した。「王者連盟」とも報じられたが、アリババが蘇寧を救済したという見方もある。

日本でもラオックスを買収している蘇寧は中国国内で2700の店舗を展開し、実店舗の小売企業としては売上高トップで、サッカーチームのイタリア・セリエＡ「インテル・ミラノ」買収でも話題になった中国を代表する巨大企業だ。しかし、近年はアリババをはじめとするネット通販の台頭で営業赤字に陥っている。

中国では今、日本やアメリカと同じように、実店舗を全国展開している量販店が伸び悩み、スマホ一つで何でも買えるｅコマースが急成長している。その代表格が、中国国内のネット通販で６割のシェアを占め、物流と決済機能（アリペイ）を押さえているアリババだ。なにしろ、「独身の日」セールの総取引額が１日で約２兆８０００億円に達したのである。日本の小売業１位のイオンの年商が約８兆２１００億円（２０１７年２月期）、百貨店１位の三越伊勢丹が年商約１兆２５００億円（同年３月期）だから、アリババの売り上げがケタ違いであることがわかる。アリババは蘇寧との提携によって「Ｏ toＯ（Ｏ２Ｏ）」（Online to Offline）、少し古い言葉だと「クリック＆モルタル」――すなわちネットと実店舗を組み合わせて相乗効果を生み出すことで、さらなる成長を目指しているのだろう。

「アリババ＋ヤフー連合」の強み

ただし、そのアリババが国境を越えて世界に広がるかといえば、答えは「ＮＯ」だ。資金力の点ではどんな会社でも買えるだろうが、ｅコマースの場合、実は国境を越えて成功した企業は少ない。その国の言語に非常に依存するし、国ごとに消費者の嗜好や購買行動が大きく異なるからだ。

たとえば、日本の楽天も海外では大苦戦し、次々と撤退している。私は楽天が約920億円で買った無料通話アプリのバイバー（Viber）という会社をベラルーシで見学した際に「楽天の役割は何ですか？」と質問したら、楽天は買収しただけで経営らしいことはできていないらしく、「何も指示されていないので、わかりません」という答えが返ってきた。

ことほどさようにネット企業が国境を越えるのは難しいのである。アメリカ企業でありながら日本で成功しているアマゾンなどは極めて例外的なのだ。したがってアリババ＋蘇寧の「王者連盟」も、基本的には中国国内に限定されると思う。

しかし、「アリババ＋ヤフー連合」となると話は別だ。すでに日本のヤフー（ヤフージャパン）とアリババはeコマースで提携しているので、中国人は日本のヤフーで売っている商品をアリババから直接購入できるようになっている。訪日中国人観光客の「爆買い」が減っているのは、関税が大幅に引き上げられたからだと言われているが、アリババで日本の商品が簡単に買えるようになったことも影響しているのではないかと思われる。

実際、中国で苦労して販売網を構築してきた日本企業では、アリババで日本の商品が手軽に買えるようになって以来、現地の代理店の売り上げが急減しているという。たとえば、中国人に人気の高い紙おむつや生理用品、化粧品、薬品などである。

こうした「アリババ＋ヤフー連合」や、前述のメルカリ、バイマなどの越境ECサイトの隆盛は、当分続くだろう。

進化する「金融業界のウーバー」

ｅコマースの拡大とともに急速に進化しているのが、前述した「フィンテック」だ。

日本でも、フィンテック普及を促進するための改正銀行法と、ビットコインなどの仮想通貨を規制する改正資金決済法が成立し、三菱東京ＵＦＪ銀行などのメガバンクが独自の仮想通貨を開発中とされるなど、フィンテックを駆使した新たな金融サービスが身近なものになりつつある。

フィンテックはファイナンスとテクノロジーを合わせた造語だが、単に金融分野にＩＴを活用する、という話ではない。その本質は、送金、投資、決済、融資、預金、経理・会計といった従来のファイナンスのあらゆる領域をテクノロジーが再定義し、これまで金融機関がやっていたことを金融機関ではない企業が奪っていく、ということだ。

これは既存の金融機関にとっては実に恐ろしい話である。すでにアメリカでフィンテックは巨大な産業になって「金融業界におけるウーバー」とも形容されており、たとえば銀行の株式時価総額で世界1位の米ウェルズ・ファーゴのジョン・スタンフ会長兼ＣＥＯは「新しいフィンテック企業から学ぶべきものは多い。積極的に協業していく」と述べている。

具体的にはどのような変化が起きているのか？　もう少しわかりやすく説明しよう。たとえば、ビットコインに代表される仮想通貨の基盤技術である「ブロックチェーン」は、すべてのトランザクション（取引）を、それに関係するすべてのコンピューターが記録することで人間の指紋のように複製や偽造ができなくなり、特定の権威なしにトランザクションの正当性を保証するという仕組みである。

実は、通貨というものはすべて新しい技術とセットだった。石を通貨にしていた時代は丸くする技術が難しかったし、金貨や銀貨や銅貨を同じ大きさと重さと形で大量に作る技術も為政者（中央政府）以外にはなかなか持ち得なかった。それが〝信用〟を生んできたのである。その後、紙幣になってからは偽札防止技術が進化し、その価値を国家などが保証することで決済のための交換媒体となった。

そして今度の仮想通貨は、ブロックチェーンという新技術によって信頼できる（紙幣よりも便利な）通貨の交換・決済ができるようになった、ということだ。

フィンテック「四つの原理」

簡単な例を挙げると、今はクレジットカードを使うと3～4％の手数料を取られる。これは、まずクレジットカード利用者の中に支払い不能になる人がいるため、その回収コストや不良債権になった時のコストが発生するからだ。さらに、店舗の端末からＮＴＴデータのＣＡＦＩＳ（キャフィス）などのカード決済サービスと全銀システム（全国銀行データ通信システム）を経由した個人口座へのアクセスにも高い手数料が必要になる。

しかし、ブロックチェーンでトランザクションの証明ができて複製や偽造が不可能な仮想通貨なら、ＣＡＦＩＳや全銀システムのようなものを通る必要がなく、スマートフォン（スマホ）やＰＣからのわずかなパケット料金だけで済むので、決済コストが著しく安くなる上、第三者ではなく個人個人が自分で自分の信用を証明できる。

私が考えるフィンテックの「四つの原理」は次の通りだ。

①価値があるものは何でも貨幣と置き換えて考えられる
②価値は時間の関数である
③スマホセントリックのエコシステム（スマホ中心の生態系）を使えば、ほぼ瞬時に全世界のどことでも誰とでも取引することができる
④以上三つの原理を実行するために必要な〝信用〟を（サイバー空間で）提供するものが、国家や金融機関に取って代わる

要するに、ユビキタス社会では国家や金融機関に頼ることなく「本人が信用を持ち歩けるようになる」わけで、これは画期的なことである。

すでに海外では様々な金融分野でフィンテック企業が勃興している。たとえば、スマホを活用した手軽な決済支援・小口送金ができるペイパルやスクエア、ＡＩを使った資産運用のパーソナルキャピタルやベターメント、融資ネット仲介・消費者金融のレンディングクラブ

やアヴァントなどである。

資産運用もロボットで

日本はまだ現金社会だが、海外では決済や送金などの電子化が急速に拡大している。たとえばアフリカでは、ケニアで働いている息子がルワンダの母親に送金する場合、バルティ・エアテルという会社のモバイル決済サービスを使うと、携帯電話からプリペイドカードの金額分を簡単に送ることができるのだ。

また、アメリカではほとんどの人が「イントゥイット」などの電子家計簿を使っている。サラリーマンも確定申告をしなければならないからだが、年度末に申告する時は会計士や税理士を使わずに電子決済で納税できる。さらに、資産運用分野では、ロボットアドバイザーによるデジタル資産運用サービスが急成長している。細かい話では、お釣りを貯めて金融商品で運用してくれたりもする。これまでは基本的に金持ちしか銀行や証券会社の資産運用サービスを利用することができなかったが、今や資産が少ない人でもロボットアドバイザーを活用すれば、かなり的確なファイナンシャル・マネージメントが可能になったのである。

あるいは、私が1982年に考案して特許を取得した「フロート式デビット決済法」も、フィンテックの一つである。総合口座の定期預金に使った金額分だけ〝鍵〟をかけ、普通預金から無事に引き落とされたら〝鍵〟を解除するというものだが、このコンセプトを応用して貯金だけでなく、住宅、車、生命保険、年金、退職金なども将来の支払い保証の担保として紐付《ひもづ》ける仕組みを作れば、人々は手元で使えるキャッシュが一気に増える。

それらを総合して個人の信用創造をする〝フィンテック商社〟ができたら、日本人のライフスタイルはガラリと変わると思う。

本来、その最短距離にいるのは銀行などの金融機関である。ところが、古いシステムに縛られている彼らは、ネット時代、デジタル時代になっても大半の業務で紙に印鑑を捺《お》すペーパー中心のアナログ時代のやり方を続けているし、やろうと思えば顧客データベースから信用度を正確に把握できるはずなのに未だに担保を重視し、手数料で稼ぐビジネスに執着している。このまま銀行が自己改革できなければ、それこそフィンテック企業に淘汰される筆頭候補となるだろう。

中国発「モバイル決済革命」の衝撃

そんな中、中国では個人向けのモバイル決済サービスが急拡大している。eコマース最大手アリババの「アリペイ（Alipay＝支付宝）」とSNS最大手テンセントの「ウィーチャットペイ（WeChat Pay＝微信支付）」の二つを合わせると、その利用者数は13億人以上にも達すると言われている。

アリペイやウィーチャットペイの使い方は簡単だ。スマートフォン専用アプリをインストールし、IDやパスワードなどを登録して中国の銀行口座を紐付ける。そしてアリペイやウィーチャットペイを導入している店舗を利用したら、店舗と客の間で、スマホやタブレット端末を使ってQRコードを読み取れば、決済完了となる。手数料も取られない（上限あり）。すでに日本国内でも、これらの決済サービスを利用できる店舗が増えてきているが、今のところ中国の銀行に口座がなければ決済まではできないため、中国人客以外の利用は限られている。

そもそも、これまで決済業務は銀行が一手に請け負ってきた。しかも、日本国内の決済では全銀システムを、国際決済ではSWIFT（スイフト）コード（※）のシステムを介さなければならない。両システムはセキュリティを担保するための仕組みだが、その維持コストを利用者が振り込みや海外送金などの手数料として負担させられているのだ。

※SWIFTコード／国際標準化機構によって承認された金融機関識別コードの標準書式

銀行以外の決済にはクレジットカードがあるが、これも日本の場合は加盟店（カード支払いをする店舗）で、CAT（キャット）という決済端末からCAFISで信用照会を行ない、代金を銀行口座から引き落とす際は全銀システムを介するので、それらのコストがかかる。さらに、支払期日が過ぎても引き落とせなかった債権の回収に相当な費用が発生する。

このため、加盟店はカード決済の際に数%の手数料を取られている（ただし、手数料ほどのコストはかかっていない）。一方では、ゴールドカードなどの有料カードの場合、利用者は年会費を払わされている。銀行は、この加盟店の手数料と利用者の年会費の両方から〝ピンハネ〟してボロ儲けしている。だから、どの銀行もクレジットカードの発行にせっせと励んでいるのだ。

銀行もカードも一気に廃れた

中国の決済も一時はクレジットカードの代表格である「銀聯カード」が席巻していた。日本を訪れる〝爆買い中国人〟ご用達のカードだったが、今や簡単・便利・手数料ゼロのアリペイとウィーチャットペイに取って代わられた。

アリペイとウィーチャットペイは基本的にデビット方式（使用した瞬間に口座から代金が引き落とされる仕組み）なので、クレジットカードと違って債権回収リスクがない。通信費だけで決済できるという大きなメリットがある半面、使用時にその金額以上の口座残高がなければ利用できない。

すでに中国では銀行の窓口決済が激減し、銀聯カードも一気に廃《すた》れ、銀行やクレジットカード会社ではリストラの嵐が吹き荒れているという。この変化に対応し、先見性がある日本の小売店や宿泊施設なども、アリペイやウィーチャットペイの導入を進めている。

中国発のアリペイとウィーチャットペイが引き起こした「モバイル決済革命」は、これから世界中に波及するだろう。

アメリカではスクエアがスマホ・タブレット端末同士の決済を売り物にしているが、単に専用リーダーを取り付けてクレジットカードを読み取るだけなので、システム自体に新規性はない。iPhoneのアップルペイも、やはりクレジットカードを介した仕組みである。同じモバイル決済と言っても、その中身は利用者と店舗が第三者を介さずダイレクトに決済できるアリペイやウィーチャットペイとは似て非なるものだ。

日本やアメリカはクレジットカード会社や銀行などの金融機関にすっかり支配されているから、こうしたモバイル決済革命への対応が完全に遅れている。

だが、第三者が債権回収を代行したり、信用を補完したりする現在のシステムは、個人の口座に瞬時に照合して決済できるネット時代には無用の長物であり、邪魔でさえある。

今後、アリペイとウィーチャットペイは21世紀の〝巨大な新銀行〟になる可能性を秘めている。

金融リストラ〝革命前夜〟

なぜなら、両社はeコマースやゲームなどの決済業務を通じて、膨大な顧客データ（＝信用情報）を蓄積しているからだ。顧客の信用情報は、今まで銀行などが握っていた力の源泉だが、銀行はそれを生かすことができず、すべての顧客に同じ条件で、丼《どんぶり》勘定で対応していた。しかし、アリペイとウィーチャットペイが、デジタル化された自社のビッグデータを活用すれば、預け入れと貸し出しについて個別の金利を設定できる。

　たとえば、Aさんは大金を長く預けてくれていて貸し出しもないから、通常1％の預け入れ金利を3％にする。一方、Bさんは預金が少なく、頻繁に借り入れをして支払いも遅れがちだから、通常3％の貸し出し金利を5％にする――という具合である。双方を組み合わせると、銀行は常に2％のサヤを抜けるわけだ。こうしたリスクプロフィールを集成したマトリックスを作れば、個人を対象とした金融業務では損失を出すことなく、大きな利益を生み出すことができるはずだ。

　しかも、そういう「ALM（アセット・ライアビリティ・マネージメント）」と呼ばれるマトリックスの作成や個別の金利設定などは、AIやロボットが得意とする分野である。このシステムを構築したら自動的に巨大な富が転がり込み、その一方では、これまで既存の銀行やカード会社が独占して金城湯池《きんじょうとうち》になっていた預金、融資、決済などの業務が、すべて吹き飛ばされてしまうだろう。

　すでに、アリババは「芝麻信用（ゴマ・クレジット）」と呼ばれる個人の信用情報管理システムを導入している。アリペイでの支払い情報や、個人の学歴や職歴、資産の保有状況などから個人の信用度を格付けし、与信や金利優遇などに活用しているという。現にアリババはビッグデータを使って商店などに融資をしているが、「スマホで申し込むのに3分、決済に1秒」と豪語している。1秒後には口座に資金が振り込まれているのだ。銀行業務は預金・融資・決済の三つだが、今のアリババなら金利を2％以上つけるのは訳ないことだ。つまり、明日から銀行に変身できるのだ。私がアリババのジャック・マー（馬雲）会長やテンセントのポニー・マー（馬化騰）CEOの立場なら、アリペイやウィーチャットペイを活用した新しい銀行を作って、世界制覇を目指すだろう。まずは主要国で既存の銀行を買収してモバイル決済サービスを展開するのが、最も手っ取り早い方法だ。

それに対して、フィンテックなどの準備を始めている従来の銀行やクレジットカード会社は強硬に反発するに違いない。それでも、この秩序破壊は、これまで誰も見たことがないようなスピードと大きさで起きるはずであり、日本もその埒外《らちがい》ではあり得ない。今は、その〝革命前夜〟なのである。

世界屈指のIT拠点・深圳の変貌

eコマースやモバイル決済などICTの分野で日本を大きく引き離している中国で注目すべきは、アリババとテンセントだけではない。

いま日本人は中国・深圳《シンセン》と聞いて、どんな街を想像するだろうか？　もともと深圳は1980年、鄧小平の「改革開放政策」を担う最初の経済特区の一つに指定され、それ以降、急速に発展して今や「中国のシリコンバレー」と呼ばれる人口約1400万人の巨大な知識集約型IT都市になりつつある。

ただし、当初は香港と隣接（電車で約40分）していながら中国本土の安価な労働力を利用できるため、主に香港企業が労働集約型の組み立て工場を展開しているにすぎなかった。私が深圳を初めて訪れたのは、1980年代後半。当時、中国政府には資金もインフラ整備のノウハウもなかったので、香港から深圳を経由して広州に至る高速道路を香港ホープウェルグループ（合和集団）のゴードン・ウー（胡應湘）氏に建設してもらうような状況だった。私は香港のIDTという会社の社外役員を務めていたので、それ以降も同社の工場視察でよく訪れたが、その頃の深圳は、まだ赤土がそこらじゅうに露出したゴミ溜めみたいな貧しい町だった。

しかし、その後、深圳に進出した中国の通信機器メーカー・ファーウェイ（華為技術）や台湾のEMS（電子機器受託生産）企業・鴻海《ホンハイ》精密工業傘下のフォックスコン（鴻海科技集団／富士康科技集団）などが90年代後半から急成長し、それに伴って深圳も目覚ましく発展した。たとえばフォックスコンが100万人もの労働者を雇用するなど、〝世界の工場〟中国を象徴する都市になったのである。

さらに2000年頃にファーウェイを訪問した時は、研究開発に大々的な投資をしたり、社員のためにアメリカ風の住宅を会社の敷地内に整備したりしていることを知って大いに驚いた。先述したように、私は当時、「もし、中国から世界的なブランドが出てくるとしたらファーウェイ」と予言したが、その通りになった。

その後も私は、中国と欧州委員会が合同で設立した国際ビジネススクール「中欧国際工商学院（CEIBS）」の講演などで深圳を訪れたが、常に国内外から人材を集めてIT関連の起業やインキュベーションの拠点になることによって労働集約型産業から知識集約型産業に進化することを目指し、市を挙げて積極的な取り組みを続けていた。

それと同時に都市インフラもどんどん整備されていった。広い道路が縦横に走り、街路樹も増えて杜《もり》の都のような景観になった。21世紀のハイテク・起業拠点にふさわしい摩天楼が林立する街並みは、今や未来都市のような様相を呈している。ゴミ溜めみたいだった貧しい町が、世界有数の最先端IT都市へと大変貌を遂げたのである。

そしてついに深圳は、2017年、GDPで香港を抜いた。経済開放特区に指定されてから、わずか35年余り。これは画期的なことである。鄧小平は墓の中で小躍りして喜んでいるに違いない。

日本人の給料が安すぎる理由

これほど深圳が飛躍した原動力の一つは〝中国版ナスダック〟や〝チャイネクスト〟と呼ばれる深圳証券取引所のベンチャー企業向け市場「創業板」だ。これを上海ではなく深圳に置いたことで、ベンチャーキャピタルが深圳に根付いたのである。今や深圳では1兆円を超えるベンチャーキャピタルがいくつも生まれ、1週間で500以上の起業案件を処理しているとも言われる。人材が集まり、企業が集まり、カネが集まるという好循環が生まれているわけだ。

そうした環境の中で、テンセントやファーウェイ、ドローン世界最大手のＤＪＩといった深圳に本社を置く企業が急成長し、虎視眈々《こしたんたん》と世界制覇を狙っている。さらにアメリカのトランプ政権が、専門技術を有する外国人向け「Ｈ－１Ｂ」ビザの審査を厳格化したため、海外のＩＴ人材はシリコンバレーで働くことが難しくなり、世界の三大最先端ＩＴ拠点の残る２か所、すなわち深圳とインドに集中するという状況になっている。

そんな世界的な潮流に、日本は完全に乗り遅れている。その象徴が、ファーウェイ日本法人の求人広告に掲載された「初任給40万円」だ。第２章でも述べたように、大学卒の新入社員の平均初任給が20万円ほどで20年以上前から変わっていない日本では、「40万円以上」は高給に見えるかもしれないが、この数字は世界レベルから言えば、まだ安い。

たとえば、深圳では年俸５００万円（月給40万円）では、ＩＴ系の優秀なエンジニアは採用できない。その倍の１０００万円が必要だ。インドはさらに１・５倍の１５００万円になり、グーグルやマイクロソフトの初任給も１６００万～１７００万円台だ。今やシリコンバレーの企業では、「日本はアメリカで一人雇うコストで３人雇えるありがたい国だ」と言われている。この給与差は、いかに日本が世界から取り残されているかの証左にほかならない。

なぜ、ここまで大きな差がついたのか？　本来、日本が道州制を導入して、各道州がかつての戦国大名のように繁栄を競い合い、独自の経済政策や街づくりを推し進めてアジアの経済センターになることを志向していれば、深圳やインドのバンガロール、そしてシリコンバレー並みの給与レベルが実現できていたかもしれないのだ。今でも、東京都の小池百合子知事が国政進出に色気を見せたりせずに、腰を据えて本気で「東京大改革」に取り組んで成果を出せば、日本全体が大きく変わると思う。だが、それはおそらく、ないものねだりというものだろう。

結局、中央集権の日本は21世紀になっても昔のままの組織と環境に安住し、競争と変化を嫌う怠惰な国家運営を続けてきた。その結果、世界の潮流から取り残されてしまったのである。今回紹介した中国・深圳と日本との彼我の差に、日本人はどれほど危機感を持っているだろうか？　そんな中で、ビジネスの現場を知らない政治家が呑気に「働き方改革」なるものを議論している現状には、やはり暗澹《あんたん》とならざるを得ない。

第4章

公務員こそ「働き方改革」を!

――国を貧しくさせているのは誰なのか

「人づくり革命」掲げる政府の「人材難」

ＩＣＴ（情報通信技術）時代のネットワーク社会においては、一人一人の「個人」がトップのダイレクトな指示を受けて、どれだけ組織に貢献できるかということだけが問われる、と先に述べた。前章で解説したシェアビジネスやアイドルエコノミーといった21世紀型ビジネスの拡大も、「個人」が瞬時に世界とつながるイノベーションの進展と一体なのは言うまでもない。

ところが、すでに終焉を迎えているはずの旧態依然としたピラミッド型組織を頑なに守り続け、生産性というものをほとんど考慮せずに働いている人々がいる。政治家を含めて３００万人以上もいる公務員である。

これまで安倍政権は「地方創生」「女性活躍」「1億総活躍」「働き方改革」と次々に目玉政策の看板を掛け替え、それぞれ担当相を置いてきたが、いずれも成果は全く上がっていない。にもかかわらず、また「人づくり革命」という新しい看板を掲げて担当相を新設した。安倍首相は「人づくり革命」を「1億総活躍社会を作り上げる上での本丸」と位置付けたが、これらの拡散した政策を、どのように辻褄を合わせて収拾するのか、甚だ疑問である。

私は今まで著書や連載などで経営者の資質について語る中で、たびたび「優れたトップは一つのことだけを言う」「ダメ経営者は次から次へと命令して結局何もできない」と指摘してきた。その基準を適用すれば、安倍首相はまさにダメ経営者の典型だ。〝仕事人内閣〟と称した２０１７年８月の内閣改造からわずか2か月足らずで解散総選挙、という気の散り方である。結果的に総選挙は、野党総崩れの中で自民党が圧勝したが、国民は、安倍政権のそれまでの〝日替わり政策〟をすべて信任したわけではない。

民間企業の場合、新規事業を立ち上げたら、その成否を総括しないまま、同じような新規事業を始めることなどあり得ない。それは国家運営においても同じであり、そんな常識も持ち合わせていないような、人材なき政治家や官僚にそもそも「人づくり革命」などできるはずがないだろう。民間企業に的外れな政策を押しつけている首相が本来やるべきことは、自分が率いる行政組織、すなわち公務員の組織と人事制度の近代化である。

無駄に無駄を重ねて、莫大な額の税金を注ぎ込んできたのが「アベノミクス」だが、もはやそれも限界に達している。労働生産性が低いとされるこの国の中でも、最も生産性が低く、付加価値を生み出していない「本丸」が、政府であり役所なのだ。

つまり、今の日本では、政治家や官僚にこそ「働き方改革」が必要なのである。

噴飯の「プレミアムフライデー」

政治家や官僚がビジネスの現場に無知であることを改めて全国民の前にさらけ出したのが、２０１７年２月からスタートした「プレミアムフライデー」だろう。

各企業において、毎月月末の金曜日は午後3時に仕事を終え、それに合わせて流通業界や旅行業界、外食産業などが夕方にイベントを開催して買い物や旅行などを促し、個人消費を喚起する――という施策だったが、政府・経団連などが鳴り物入りで宣伝したにもかかわらず、全く定着していない。

それでもなお失敗を認めたがらない経団連などは、「月末ではなく月初にすればいい」とか「曜日の変更も」といった見直し案を検討しているという。だが、そんな小手先の見直しを考えている時点で、政府も経団連も終わっていると思う。まだ続けるというならば、こんな愚策のために、いったいいくら税金を費やしたのか、国民にきちんと説明してからにしてもらいたい。

このプレミアムフライデー構想が初めて取り沙汰されたのは2016年の夏のことだった。私は同構想を報じた新聞記事を連載で取り上げ、あまりの愚策ぶりのために実現はしないだろうと予想して、即座に一蹴した（週刊ポスト16年10月7日号）。その記事で書いた考えは基本的に今と大きく変わっていない。以下に、一部をそのまま再掲する――。

いやはや、呆れて開いた口がふさがらない。馬鹿も休み休み言ってもらいたい。すでにネット上では批判も出ているが、これほどサラリーマンの実態を理解していない話はない。月末締めの仕事では月末の金曜日に早く帰ることなど不可能だし、仮に可能だとしても、そのしわ寄せで他の日の残業が増えるだけである。

そもそも月末の金曜日の午後3時に退社して、いったい何をしろというのか？　まっすぐ帰宅しても、所帯持ちのサラリーマンの多くは自分専用の書斎がないから、家に居場所はない。奥さんや子供に邪魔者扱いされるのがオチだろう。

だからといって、明るいうちから営業している駅前やガード下の焼き鳥屋や居酒屋でちょい飲みしたり、デパートなどで買い物をしたりしたくても、先立つものがない。新生銀行の「2016年サラリーマンのお小遣い調査」によれば、お小遣いの平均月額は男性会社員が3万7873円、女性会社員が3万3502円で、この10年以上、ほとんど増えていないのである。

そもそも定時退社でも余裕で買い物ができるし、少し残業してもデパートや専門店は夜8〜9時まで開いているから、さほど普段の買い物には不自由していない。ただでさえ、大半のサラリーマン世帯は消費を控え、衣料品にしてもユニクロやGU、しまむら、H&Mなどファストファッションのセールで買っているのに、なぜ「プレミアム（割増価格）」という発想が出てくるのか、全く理解できない。

時間はあっても、お金がない

また、旅行にしても、金曜日の夕方から出かけようと考える人は少ないだろう。なぜなら、金曜日は移動して宿泊するだけになるからだ。日曜日までの2泊3日でも旅先で活動できるのは土日の2日間である。よほど前泊のメリットがあるケース以外では、金曜日の夕方よりも土曜日の朝に出発したほうが宿泊費を節約できるので、そちらを選ぶ人が多いに決まっている。

さらに、読売新聞（2016年9月7日付）によれば、政府は、長時間労働が少子化や男性の家庭参加を阻む原因になっているとして、労働者に事実上無制限の残業を課すことが可能とされる労働基準法の「36（サブロク）協定」の運用を見直し、1か月の残業時間に上限を設定してそれを超える残業を原則禁止することを検討しているという。

だが、今は以前に比べて残業が減っているというデータもある。

たとえば、ネットリサーチサービスのマクロミルが40～49歳の正社員の男女を対象に実施した残業時間に関する調査によると、実際に退社（終業）することが多い時刻は、「17時台」39％、「18時台」25％、「19時台」12％で、8割以上の人が20時までに退社できていた。66％の人は月に1日以上の残業をしているが、その人たちの1か月あたりの残業時間は「1～20時間未満」69％、「21～40時間未満」17％で、40時間以上の残業をしている人は14％にとどまっていた。

実際、大半の会社はコスト削減のために残業代を減らそうとしているし、その結果、残業しているのは残業代がつかない管理職だけ、というケースも多い。残業代が減れば、ますます収入は減ってしまう。要するに「時間はあっても、お金がない」のが、日本のサラリーマンの哀しい現実なのである。

安倍首相は就任以来、繰り返し企業に賃上げを呼びかけているが、いったいサラリーマンの収入を増やしたいのか減らしたいのか、よくわからない。

発想も提案もすべて的外れ

今は、接待需要も激減している。かつては「花金」、一時は「花木」などと言われたが、もはや夜の会食後に2軒目、3軒目とはしごするなんてことは、ほとんどない。企業の接待費の枠は以前よりも緩和されたが、それを使う人がいないのが実情である。つまり、中高年の人たちは会社のカネで夜遅くまで飲み食いするよりも、「早く家に帰って寝たい」というメンタリティになっているのだ。

かてて加えて、最近は土日のゴルフ接待も激減している。バブル崩壊後の「失われた20年」によって、日本企業の〝接待文化〟も失われてしまったのである。

そんな現状なのに、今さら「プレミアムフライデー」と銘打って個人消費を喚起しよう（それも月末に）というのは、発想も提案もすべて的外れだ。そのために数億円を投じるのは、税金の無駄遣い以外の何物でもない。

政府が、こういう仕掛けを作るから、お前たちは休みなさい、買い物をしなさい、旅行をしなさい、財布の紐を緩めなさい――というのは結局、「働き方改革」と同じく〝上から目線〟で箸の上げ下げまで指図するような「マイクロ・マネージメント」にほかならない。もし、金曜日の午後3時に帰りたいという社員がいたら、会社の制度として（それぞれの会社の事情に応じて）年に何回かは3時に帰っても早退扱いにはしない、とすれば十分だ。

ただし、その後プレミアムフライデーについての報道は盛り上がっていないようなので、この構想は立ち消えになるかもしれない。まかり間違って実現したとしても、一時期多くの企業が導入した毎週水曜日を「ノー残業デー」として定時に帰宅するよう促すという制度のように、ほとんど定着しないだろう。

いずれにしても、これは「余計なお世話」であり、このような馬鹿げた構想が出てくるのは、霞が関の官僚と大手町の財界人がサラリーマンの生活実態を全く理解していない証左である。安倍政権は、重箱の隅をつつくマイクロ・マネージメントで税金を無駄遣いするのはもうやめて、企業とサラリーマンのことは放っておいてもらいたい。

——以上が、プレミアムフライデー実施の半年前に行なった指摘だが、「まかり間違って」導入された結果は、今さら説明するまでもない。

「自動運転」ならぬ〝自動行政〟の実現を

ＡＩ（人工知能）の発達により、これまで人間がやってきた仕事がどんどんコンピューターに奪われると言われている。チェスや将棋に続いて囲碁までもがＡＩにかなわなくなり、ＡＩによる自動運転や工作機械・ロボットのＦＡなど様々な分野でディープラーニング（深層学習）技術の開発が進んでいるが、ディープラーニングのような高度なことをしなくても、コンピューターに置き換わる仕事はたくさんある。

その中でも最優先で〝自動化〟に取り組むべきなのは「行政」の仕事である。実は、日本全国の役所で行なわれている行政業務の大半は、ＡＩとビッグデータを組み合わせれば、代替可能だ。極端に言うと、法律を作る人は必要だが、役人は不要になる。

つまり、役人は基本的に法律にのっとって仕事をしているのだから、法律がクリアであれば役人の仕事はプログラミングできる。各種の許認可などは「ＹＥＳ」か「ＮＯ」か、瞬時にわかるはずなのだ。となると、都道府県や市区町村の役所の窓口にいる人はもとより、税務署の職員も要らなくなる。役所の効率が飛躍的に高まり、窓口が開いている曜日や時間も関係なく、ネットで24時間どこからでもアクセスして利用できるようになる。

自動運転ならぬ〝自動行政〟は、すでに海外で実証されている。好例は、私が著書などで何度も紹介しているエストニアの「ｅガバメント（電子政府）」だ。人口１３２万人の小国だが、世界で最も進んだ国民ＤＢ（データベース）を構築し、国民はＩＣチップの入ったＩＤカード（身分証明書）を所持することで、国民ＤＢからすべての行政サービスを受けることができる。国民ＩＤのチップを格納したＳＩＭカード入りのスマートフォンからも、ｅガバメントポータルへのログインや電子文書への署名も可能になっている。スマホさえあれば、住民登録から年金や保険の手続き、納税などが簡単にできてしまうのだ。このためエストニアでは税理士や会計士が不要になり、それらの職業は消滅したのである。

「マイナンバー制度」では不可能

人口132万人の小国だからできることだと言う人がいるかもしれないが、日本の場合は人口1億2700万人でも全く難しくない。なぜなら日本の行政組織は縦割り・縄のれんで、どこの都道府県・市区町村もやっていることはほとんど同じだからである。

さらに、選挙の投票もeガバメントによる〝自動行政〟になれば、いつでもどこからでも電子投票ができるようになる。本人確認さえできればよいので、指紋、声紋、眼球の虹彩などを使ったバイオメトリクスと組み合わせれば簡単だ。実際、エストニアでは世界中どこにいても1週間前から投票できる。しかも、午後8時に投票を締め切ったとすると8時1分には結果が出るので、人手に頼った役所の開票作業もマスコミの出口調査も不要になる。

ただし、そういうeガバメントと国民IDは、現在の日本の「マイナンバー（社会保障・税番号）制度」では不可能だ。マイナンバー制度は従来の「住基（住民基本台帳）ネット」をベースにしているが、住基ネットはITゼネコンが入り乱れて市区町村別にシステムを作ってしまったので、現状では横につないで足し算することができないし、拡張性もない。電子投票システムを導入したところも、市区町村単位で業者が異なっているので、都道府県知事選挙や国会議員選挙には使えない。そもそも政府にシステム設計ができる人材がいないので、ITゼネコンの言いなりになっている。

それらを今から横につないでエストニアのようにスマホなどですべての行政サービスが受けられるシステムにするのは非常に難しく、莫大なカネと手間がかかる。むしろ国民ＤＢのフレームワークを先に作り、それをベースに各種公共サービスを網羅してクラウドで提供するシステムを構築していくべきであり、そのほうがよほど手っ取り早くて安上がりだと思う。

このシステムが出来上がれば、消費税や所得税、相続税などの税率も自動的に変更・調整できるし、そうやって把握した税収の状況をビッグデータとして活用すれば、適正な税金体系も構築できる。さらに、公共工事の進捗《しんちょく》状況や工事を請け負っている会社の経営状態などもすべて電子的に捕捉できるので、国や地方自治体の予算に透明性が出る。公共工事の入札も公明正大になるから、政治家に袖の下を渡して口利きを頼む必要もなくなる。

「ＡＩ」が進むと「ＢＩ」になる？

この〝自動行政〟が実現すれば、今いる国や地方自治体の公務員の多くはコンピューターに置き換えられて失業の憂き目に遭うかもしれない。おそらく数百万人規模の失業者が出るだろう。だが、介護・医療・保育・警備など、これからまだまだ人手が必要な仕事は山ほどあるので、そうした分野に人材がシフトしていくようにすればよい。再教育してＩＣＴ（情報通信技術）のエンジニアなどになってもらうという手もあるだろう。少子高齢化が進む日本は、この先どんどん労働力人口が減っていくのだから、この作業は他の国に先駆けて可及的速やかに実行しなければならない。

また、「ＡＩ」による自動化が多くの職種で進むと「ＢＩ」が必要になる、といった議論も最近よく耳にする。ＢＩとは「ベーシック・インカム（最低所得保障）」の略で、政府がすべての国民に対して最低限の生活を送るために必要とされている額の現金を無条件で定期的に支給するという制度だ（その代わり社会保障を廃止する）。スイスでは16年6月にＢＩ導入の是非を問う国民投票が行なわれ、反対が8割近くを占めて否決された。一方、フィンランドでは失業者を対象にしたＢＩ導入の実証実験が進んでいるという。

だが、ＢＩというコンセプトは、社会を歪《ゆが》める。最初の10年くらいは貧困や不平等の是正などのメリットが出てうまくいくように見えるかもしれないが、そのうち必ず人々の労働意欲を削《そ》いで生産性が低下し、国のエネルギーは衰える。実際、海外の事例を見ると、失業保険の期間が長ければ長いほど失業期間も長くなる。

安倍首相は、正規社員と非正規社員の賃金格差を是正する「同一労働同一賃金」を打ち出したが、世界的に見ると「同一労働同一賃金」はボーダレスに広がりつつある。つまり、海外の安い時給で働く労働者と同様の仕事をしていたら、日本国内では従来より給料が下がらざるを得ないのだ。多くの国では移民などに低賃金の仕事をやらせているが、日本では移民が制限されてきたために、賃金の安い国に業務や生産を移転してきた。この30年間、驚くほど多くの仕事が日本から失われたのはこのためだ。

いま求められているのは、仕事を奪われる現実を嘆くことではなく、ＡＩが進化してもなお必要とされる仕事に人材を振り向けていくことである。その移行には人材の再教育が必須であり、それを行政が率先垂範していかねばならないのだ。

自分の再就職先も見つけられない文科官僚

２０１７年1月、文部科学省の組織的な「天下り」斡旋《あっせん》問題が発覚し、同省の歴代次官や人事課長が〝総懺悔《そうざんげ》〟したことは記憶に新しい。だが、これは文字通り氷山の一角だろう。各省庁による水面下での組織的な天下り斡旋は日常茶飯であり、内閣府の再就職等監視委員会の調査で簡単に違反が明るみに出た文科省は、脇が甘かっただけだと思う。

私は「ビジネス・ブレークスルー（ＢＢＴ）大学」などで世界中どこへ行っても活躍できるグローバル人材の育成に力を入れている。文科省もそういう教育改革を急げと訴えてきたはずだ。しかし、当の文科官僚が自分で再就職先も見つけられないという体《てい》たらくなのだから、グローバル人材育成の指導監督など望むべくもない。

キャリア官僚の能力や見識を民間で活用すべきだという意見もあるが、それは彼らが20代当時の学力評価であって、21世紀の世の中を生きていく能力ではない。もし彼らがそれほど高い能力や見識を持っているのであれば、なおさら再就職先を自分で見つけることくらいは容易なはずである。それが難しいということは、官僚ＯＢを積極的に雇いたいと考える民間企業は非常に少ないということだ。

その上で、誤解を恐れずに言えば、今回の文科省の問題は、地方自治体も含めた国全体の人事制度の構図から見ると、大したことではないと思う。より大きな問題は、霞が関のキャリア官僚の地方自治体への「出向制度」にある。

キャリアの地方出向は現代版「国司」

キャリア官僚は30歳前後から地方自治体の課長、部長、局長、助役、副知事などに出向し、国と地方を行ったり来たりする。総務省の資料によると、国から地方自治体への出向者数は1600〜1700人。つまり、都道府県や市町村の役所には、それだけの数のポジションが、中央省庁から出向してくるキャリア官僚のために用意されているわけだ。これは中央から地方への出向という形の〝一時的な天下り〟にほかならない。

さらに、この仕掛けの中で、キャリア官僚が知事や市長になっていく。たとえば、大分県知事は経済産業省（旧・通商産業省）の〝指定席〟で、現在の大分市長も経産省出身だ。石川県知事は総務省（旧・自治省）出身者二人が合わせて14期・54年もの長きにわたって務めている。これこそ天下りの〝権化〟だと思う。

では、キャリア官僚の地方出向制度の何が問題なのか？　地方の衰退を招く元凶になっているからだ。基本的に彼らは2〜3年でくるくると交代する「回転ドア」人事なので、最初から腰掛けと思っていて真面目に仕事をしない。しかも、地元のことは何もわからないのに権限だけは持っているため、中央とのパイプが欲しい周りの人々にちやほやされて繁華街を上げ膳据え膳で飲み歩き、威張ることだけ覚えて転任していく。そういう手合いがジャガイモの地下茎のごとく全国各地にはびこっているのだ。いわば現代版「国司《こくし》」であり、これが地方のプロパー（生え抜き）職員のやる気を削ぐ〝ガラスの天井〟にもなっている。

とはいえ、中央から地方への出向を禁じると、今度は関連団体や外郭団体を増やして、そこにパラサイト（寄生）するだけだろう。これは東京都なども同じ構図であり、こちらのほうが税金を無駄遣いするという点では天下りより問題だから、国民にとって何の役にも立たない関連団体や外郭団体は、国も地方もつぶしていかねばならない。

本来なら、私の持論である憲法第8章を改正して明治時代以来の中央集権体制にピリオドを打ち、真の地方自治を実現すべきだが、それができないなら、現在の歪んだ人事制度を抜本的に改革するしかないだろう。

人事院がまとめた「諸外国の国家公務員制度の概要」によると、たとえば、ドイツの国家公務員の再就職に関する規制は「退職後5年以内（定年退職した場合は3年以内）に、退職前5年間の職務と関係のある企業に就職する場合は、在職した省に届け出なければならない。省の業務と利害対立が生ずるおそれがある場合は、再就職は認められない」となっている。

私は、これに年齢制限を組み合わせ、大きな権限を持つようになる40代以上の幹部にはドイツと同じような原則を徹底させるとともに、30代までは関連企業への天下りや出向を自由にしてもよいと思う。また、定年後に利権を土産に天下りするのではなく、若い頃から民間企業に出向してグローバル事業や商品計画などの経験をするなら意味がある。それは国家の運営でも必要なスキルだからだ。

民間ではあり得ない低生産性

その一方で、天下りとは逆に、民間企業から中央省庁や地方の役所への転職＝「天上《あまのぼ》り」を可能にしたらどうなるかと考えてみよう。

そもそも官庁では、民間企業では当たり前の業績評価（成果評価）をしていない。生産性やノルマの目標などもない。だから組織は贅肉だらけである。たとえば、企業で事業計画を手がけていた人間なら、今の役所のような単年度主義のバカげた予算は作らない。中長期の事業計画とその評価は絶対に必要だが、役人にそうした発想は微塵《みじん》もない。

もちろん、カスタマー（納税者）サービスという視点で見ても、役人の態度は最悪だ。たとえば、私が印鑑証明を取るために役所の出張所に行くと、たいていの職員は知らん顔をしている。苛立ちながら声をかけると渋々受付カウンターに出てきて、ぶっきらぼうに「そちらの機械でも取れますよ」と言うだけだ。「では、あなたたちは何のためにそこに座っているのか？」と、問い質したい気持ちになる。

しかも、鳴り物入りで総務省が導入したマイナンバーカードは、コンビニで印鑑証明や住民票が取れる以外、国民にはほとんどメリットがないため、膨大な税金の無駄遣いとなった住基カードの二の舞になろうとしている。民間企業でこんな事業を進めていたら、あっという間に倒産するだろう。もし仮に私が千代田区の事務総長（そんな役職は実際にはないが）になったら、すべての住民情報をデジタル化し、縦割り縄のれんで同じことをやっている他の22区の行政業務も請け負ってクラウドでアウトソーシングする。「天上り」官僚なら、そうした発想で行政業務を劇的に省力化していくはずだ。

日本企業のホワイトカラーの生産性は欧米企業に比べて格段に低いと問題になっているが、それよりはるかに低いのが日本の役所なのである。自衛隊や警察・消防、公園の清掃、ゴミ収集などの労働集約型の仕事は別として、それらを除いた役人の数とコストは現在の10分の1以下で事足りる。まさにいくらでも「カイゼン」可能なのである。これこそ安倍首相が取り組むべき効果抜群の財政改革＋成長戦略となるはずである。

今なぜ「公務員の定年延長」なのか？

しかし、現在進行しているのは、そうした見直しとは全く逆の議論だ。安倍内閣は、公務員の定年を60歳から65歳に延長する方針を固めたというのである。

報道によれば、政府は２０１７年６月に「国家公務員の定年引き上げに関する検討会」を設置し、国家公務員法の改正などについて具体的な議論を始めた。もともとは11年に人事院が「平成25年度から3年に1歳ずつ段階的に定年を引き上げ、平成37年度に65歳定年とする」という方針を示したが、ただでさえ身分が安定している公務員が民間企業に先駆けて定年を延長することへの反対が強く、2013年に再任用制度を導入したという経緯がある。

にもかかわらず、再び定年延長を検討することになった理由について菅義偉官房長官は「労働人口を確保しながら、社会全体の活力を維持していくため」と説明しているが、富を創出せず、税金で食べている公務員の定年を延長したら、社会の活力は維持されるどころか失われる。今回の安倍内閣のやり方は、まさに〝夜陰〟に乗じて定年延長を既定路線にし、役人を味方につけようとするものであり、断じて許してはならない。

すでに様々なメディアが公務員の特権や優遇ぶりを批判しているが、私はこれを機に、公務員制度をゼロベースで考え直すべきだと思う。なぜなら、現在の公務員制度は、大学や高校を卒業する時に国や地方公共団体の試験を受けて合格したら、それが一生通用するからだ。まだ日本が〝途上国〟だった頃は公務員が不足していたから、ある意味「一生保障」は必要だったと思う。しかし、それはとっくの昔に不要になっている。

よほど重大な犯罪を犯した場合などを除いて、公務員を解雇することはできない。だから、公務員には失業保険もないのだが、一生に2~3回は新しいスキルを学び直さなければならない時代に、学校を出た時点で生涯雇用を保障される職業などあってよいはずがない。

AI&IoT時代の公務員のあり方

改善の方向としては、たとえば国家公務員は、国の制度や許認可の仕組み、システムを設計する役人と、それを運用する役人とに大きく分けられる。前者は、どれほど元は優秀でも、入省後は身分保障に胡坐《あぐら》をかいてしまうので、20〜30年経ったら陳腐化した古い知識や技術しか持っていない。そういう役人が定年延長でさらに長居するというのは非常に由々しき問題なのだ。

だから、先に提案したように、天下りの逆に民間企業から中央省庁や地方の役所への転職＝「天上り」を可能にして、制度設計をする役人には、ＡＩやＩｏＴ（モノのインターネット）などの専門的なスキルを持った30〜40代前半の外部の人材を「特別公務員」として１期４年か2期８年の期間限定で採用すべきだと思う。その人たちが、たとえば効率的なシステムを作って経費を半減するような多大な貢献をしたら、４期16年を上限に継続して働いてもらったり、民間企業の社長や役員レベルの高給で報いたりすればよい。実際、そういう仕事をした人たちは、民間企業からも引く手あまたになるだろう。

一方、制度を運用する役人の仕事は、前述のような人手が必要な労働集約型の業務以外は、これから急速に機械やＡＩに置き換えられていく。それは製造業では当たり前のことであり、ロボットやＩＴの導入によって生産台数の累計が倍になるごとに工数を15％くらいずつ少なくして人員も削減する。つまり、役所が民間企業並みに機械やＡＩを導入すれば、制度を運用する役人は、究極的には「無限にゼロ」でよいのである。国や地方自治体がＩＴ化による人員削減（＝コスト削減）を怠ったまま公務員の定年を延長するのは国民をバカにした話であり、全く理解不能である。本来、政府は公務員の定年延長を云々《うんぬん》する前に、ＡＩやＩｏＴの時代の公務員制度はいかにあるべきかを議論すべきなのだ。

延長の負担は「消費税1％分」に相当

国家公務員の給与は民間企業の従業員の給与水準に合わせることを基本に決められている。その理由を人事院は「公務員の給与は民間企業のように収益・業績などを基にして決めることが難しいため、その時々の景気の動向などを反映している民間の給与に合わせることが最も合理的であり、広く理解を得られる方法であるため」とＨＰで根拠もなく説明している。地方公務員の給与は国家公務員の給与と、その地方自治体の民間賃金動向などを総合的に勘案して決定されている。

とはいえ、公務員には役職定年制度がないので、一度たどり着いたポストの給与が定年まで続く。今回の検討会では定年延長とセットで役職定年制度の導入を検討しているとみられるが、民間企業の多くでは以前から役職定年制度により定年前に年収が大きく減っているのだから、「民間の給与に合わせ」ているとは言えない。退職金も国家公務員は平均２５３８万円で、民間企業の平均２４６０万円を上回っているほか、公務員には「年金払い退職給付」などの特権も多い。

また、地方公務員は国家公務員以上に削減の余地が大きいので、定年を延長して「労働人口を確保」する必要は全くない。そもそも日本の地方自治体には「立法」「行政」「司法」の三権がなく、地方公務員は全国の都道府県や市町村でほぼ同じ仕事をしているのだから、全国共通のシステムを構築してクラウドコンピューティングで運用すれば、人員もコストもすぐ大幅に削減できるのだ。

では、公務員の定年を60歳から65歳に延長したら、人件費はどれほど増えるのか？　公表されている資料からざっと試算すると、公務員は約３３２万人（国家公務員約58万人、地方公務員約２７４万人）もいる。２０１１年の人事院の資料によると、60歳前のノンキャリアの本省課長補佐（行政職６級）のモデル年収は約８９０万円、地方自治体課長（同）のモデル年収は約７９０万円だ。仮に、毎年60歳になる人が国家公務員１万２０００人、地方公務員７万２０００人、60歳以降の給与を「70％水準」に設定して単純計算すると、定年を１年延長するたびに国家公務員は約７５０億円、地方公務員は約３９８０億円、合計約４７３０億円が必要となる。つまり、定年延長者が65歳に達した時点では年間約２・４兆円も人件費が膨らむわけで、これは消費税を１％引き上げた際の増収分を打ち消すほどの金額だ（新規採用人数は現状のままと仮定した場合）。

ただでさえ日本は、１０００兆円を超える国の借金でつぶれそうになっている。にもかかわらず、自民党と役人たちはお手盛りの予算を組んで借金を増やし続けている。このまま個別に能力を吟味することなく、公務員の定年延長が認められたら、それはある意味、自然災害以上に国を滅ぼしかねない「ディザスター（大惨事）」となるだろう。そろそろ国民は政府の〝暴走〟にストップをかけなくてはならない。

「低成長論争」以前に議論すべきこと

生産性の低い公務員をさらに定年延長するために莫大な予算を組もうとしているようなこの国では、もはやかつてのような成長は見込めない。

そんな中、新聞・雑誌を中心に「低成長論争」といった低成長容認論に対し、「成長至上主義を放棄すべきではないのか?」「成長よりも成熟を」といった低成長論争」が喧《かまびす》しくなっている。「ゼロ成長は悪ではない」「成長をあきらめていたら国際競争力を失う」などの反論が相次いでいるのだ。

しかし、私はどちらの見方にも与《くみ》しない。そもそも日本は、バブル崩壊後25年にわたって低成長やマイナス成長が常態化している。安倍晋三首相と黒田東彦《はるひこ》・日本銀行総裁は5年前からアベクロノミクスで2%成長を目指しているわけだが、いっこうに成長率は上向いていない。それは日本の人口、とくに労働力人口が減り続けているのだから当たり前のことであり、低成長が良いとか悪いとか、容認するとかしないとかいうレベルの話ではないのである。

もはや日本は成長しえない、という前提に立った場合、大きく分けて二つの議論がある。一つは「日本という国家の選択肢はどうあるべきか?」、もう一つは「そこに暮らす国民一人一人はどうすべきか?」。これをごちゃごちゃにすると問題の本質が見えなくなる。

まず、国家の問題としてとらえると、かつて大航海時代に覇権を握ったスペインやポルトガル、イタリア、オランダ、イギリスはどうなったか？　成長が止まり長期衰退・停滞しているが、大破局は起きていない。短期的な政策の失敗で若者の失業率が40％に達したり、ホームレスが増加したりはしている。しかし、中流層の生活レベルや住宅環境を見ると、けっこう豊かだ。庭付き一戸建てや1か月以上のバケーションは当たり前だし、日本のように新しい家電製品があふれているわけではないが、必要なものは全部そろっている。食生活は健康的で、ワインも日常的に飲んでいる。

だから、日本もそういうフェーズに入ったと考えるべきなのだ。人口が増える見込みがない以上、バブル崩壊以前のような高成長は不可能であり、成長率を国家目標にしてジタバタしても仕方がないのである。

そもそも、日本は世界から見てどんな国なのか？　かつて私がアドバイザーを務めていたマレーシアのマハティール首相（当時）は「日本は社会が安定しているし、国民が勤勉でインフラが整い、高度な技術も持っている。もし日本の首相とマレーシアの首相が交代できるなら、私は日本の首相をやりたい」と言っていた。最近も、中国最大の電子商取引企業アリババグループの創業者ジャック・マー（馬雲）会長が、アメリカのトランプ大統領と会談した際に、日本は理想的な国だと述べている。

国会やメディアなどでは、国家的な課題として待機児童問題や働き方改革、高校無償化などが俎上に載せられているが、いずれも致命的な問題ではない。たとえば、正社員になれない若い人たちも健康でやる気があったら、時給１０００円前後のアルバイトで食いつないでいけるし、そこから発奮すれば店長や管理職にもなれるだろう。野心に満ちた若者が少ないので、やる気さえあれば出世していけるのだ。他の国々には飢餓や難民問題など、もっと逼《ひっ》迫《ぱく》した緊急課題がたくさんある。それに比べれば、日本は格段に恵まれた〝ぬるま湯社会〟なのである。

〝国の寿命〟を縮める日銀

むしろ問題は、「成長のために」という名目で、景気対策や経済政策として未だに莫大な税金を注ぎ込んでいることだ。政府や日銀が「GDP600兆円」「2％成長を目指す」と言って打ち出している政策は、すべて壮大な無駄遣いだ。本来は買う必要のない国債やETF（上場投資信託）を日銀が大量に買いまくり、借金の山を築いて〝国の寿命〟を縮めているだけである。

なぜ、そういうバカげたことが続いているのか？　政治家や官僚が成長期モデルのイメージから脱していないからである。

その典型は、プライマリーバランス（基礎的財政収支）の問題だ。内閣府の試算では2020年度のプライマリーバランスの赤字（国債費を除く）は16年7月の同試算の5・5兆円から8・3兆円に拡大することが示され、2020年度に黒字化するという目標の達成が絶望的になっているにもかかわらず、石原伸晃経済再生担当相（当時）は「やるしかない」と言うだけだった（今では恥ずかしげもなく目標達成年度を「2027年度」に延期している）。しかし、現実には安倍政権は消費税増税を延期したり、毎年毎年、過去最大の予算を組んだりしているのだから、言っていることとやっていることが正反対なのだ。

要するに、いま日本がやるべきなのは無駄な抵抗をやめて、削れる予算をどんどん削っていくことである。とくに公務員や政治家の数は、ＡＩやビッグデータなどを使えば大幅に削減できる。「夢よ、もう一度」と高成長を目指して無駄なお金を垂れ流すのではなく、もはや日本は成長しえないという現実を受け入れて予算と公務員の数を可能な限り削減し、国債暴落などによって国の〝底〟が抜けないようにすることが先決なのだ。そうやって政府の無駄遣いをなくせば、この国は〝軟着陸〟することができ、ずっと住みよい国になるだろう。

低成長だからこそ個人にチャンスがある

では、そういう低成長時代を前提に、国民一人一人はどうすべきなのか？

バブル崩壊後の「失われた20年」を経ても給料は上がらず、税金や社会保険料の負担は増える一方だ。年金財政の破綻懸念も強まるばかりで、多くのサラリーマンが将来に不安を感じているだろう。

ただし、国の経済が低成長やマイナス成長であっても、個人が一蓮托生で沈んでいく必要はない。逆に、そういう時代だからこそ、自分は大いに成長するチャンスがある、と考えるべきだと思う。

バブル崩壊前までの日本は経済がおおむね右肩上がりで成長してきたため、誰しも昇進昇給があり、終身雇用を終えて定年退職したら、すぐ年金生活に入ることができた。しかし、今は昇進昇給が難しい上に終身雇用は危うくなり、定年退職してから年金が支給されるまでの間に貯蓄を食いつぶす人も少なくない。そういう状況になりたくなければ、40歳を過ぎたら残りの人生の全体設計を考え、サラリーマンの安定収入があるうちに起業や副業のための新しいスキルを身につけたり、社外のネットワーク作りに励んだりして、「定年後も自力で稼ぐ方法」を研究・実験（できれば実証）しなければならない。

実は、いま世の中のサラリーマンの多くは、それが可能になってきている。大半の会社は週休2日制だから、休日をスキルアップやネットワーク作りの時間に充てればよいのである。しかも、企業はバブル期までとは異なり、コスト削減のためにできるだけ残業を減らそうとしているので、定時退社や夕食に間に合う時間の帰宅が可能となれば、夕食を終えて就寝するまでの2〜3時間も使える。つまり、多くのサラリーマンは自分の時間の4割くらいは、自分の将来に投資する時間があるはずなのだ。BBT大学や大学院に入ってくる人たちは、まさにそうした目的を持っているし、自前で入学金や授業料を支払っているので、真剣そのものだ。そういう人々が最近多少増えてきているのは、環境の変化を肌で感じているからだろう。

サラリーマンという〝安全装置〟

植木等の名ゼリフ「サラリーマンは気楽な稼業ときたもんだ」（青島幸男作詞・萩原哲晶作曲「ドント節」より）ではないが、まさに今の日本のサラリーマンという地位は、天が与えてくれた低成長時代の〝安全装置〟であり〝社会保障システム〟だと思う。

なぜなら、サラリーマンは少しくらい仕事をサボったり手抜きをしたりしても簡単にはクビにならないし、まともに働いていない社員でもせいぜい配置転換される程度で、給料が下がらないケースも少なくないからだ（もちろん、だからといってサボったり手抜きをしたりしてもよいと言っているわけではない）。

一方、商店や飲食店などの自営業は、サボれば収入が減ってしまうので、そうはいかない。また、欧米企業のサラリーマンの場合はＳＯＰ（Standard Operating Procedure／標準作業手順書）やジョブスペック（Job Specification／やるべき仕事）が厳格に定められているため、そもそもサボることができない。そう考えると、日本のサラリーマンほど自分の将来に投資する時間を安定的に確保できる稼業はないのである。

退社後に居酒屋で同僚や友人と酒を飲んでくだを巻いたり、休日にゴルフをしたり、家でぼんやりとテレビを見たりしている暇があったら、その時間を使って自分のスキルを磨き、ネットワークを広げるべきなのだ。そういうことを今から始めれば、まだ競争相手が少ない

〝ブルーオーシャン〟の中で起業や副業を成功させる機会があふれているから、努力次第で明るい将来が開けてくるはずだ。

日本の場合、個人よりも企業のほうが先に「国と一緒には沈まないぞ」と考えて動いている。人口減少によって日本の国内市場がシュリンク（縮小）し、企業が分け合うパイはどんどん小さくなっている。だから、ほとんどの日本企業は海外の伸びている市場に進出したり、盛んに外国企業をＭ＆Ａ（合併・買収）したりしているのだ。

「人並み」では国と一緒に沈む

先に、スペインやポルトガル、イギリスなど大航海時代に覇権を握りながら長期衰退・停滞に陥った国々の話をしたが、それらの国の企業はとっくに海外に出て稼いでいる。スペインやポルトガルの企業は言葉が通じる中南米で圧倒的に強いし、イギリス企業はおそらく世界で最も多く海外で活躍している。

とくにイギリス企業は、国が「ブレグジット（ＥＵ離脱）」する何十年も前から自分たちがブレグジットしているから、国が衰退するかどうかなんてことはあまり気にしていない。歴史を振り返ると、国が衰退したほうが海外に目が向くので企業はグローバル化して栄えている、と言えるだろう。

これから先は企業も個人も「人並み」のことをしていたら、日本という国と一緒にずぶずぶと沈んでいくだけである。とくに個人は、60歳になって再雇用されても給料は大幅に減るし、年金も支給開始年齢が上がったり金額が減ったりと暗い見通しばかりだ。

しかし、そうかといって北欧型の高度福祉社会を目指せばよいかと言えば、現実問題として日本では実現不可能だと思う。なぜなら、ヨーロッパ諸国では現在、税金も含めた国民負担率が50％を優に超え、国によっては70％近くに達しているからだ（日本は40％台前半）。8％から10％への消費税増税すら先送りしている日本の国民が70％もの国民負担率を受け入れるとは到底思えないのである。

しかも、前述したように、人口が減り続ける日本はもはや成長し得ないし、政府に国の借金を削減しなければならないという認識も全くないので、今後は没落していくに決まっている。言い換えれば、この国の水位はどんどん下がっていくのだから、企業も個人もその中で生き残る術を身につけたり、海外に泳げる場所を見つけたりすることができなければ、国と一緒に落ちぶれるだけである。

要するに、「人並みでいい」と思ったら、最初から負けなのだ。だから「人並み」を脱し、国が衰退しても自分は決してゼロ成長やマイナス成長にならないと決意して、語学やＩＣＴ（情報通信技術）などの新しいスキルを磨いたり、社外ネットワークを作ったりするために毎日の時間配分を変えて努力すべきなのであり、そうすれば必ず〝高成長〟できるはずだ。

それが「低成長国家・日本」において個人が目指すべき生き方、働き方ではないかと思うのである。

おわりに――「働き方」は自分で決める

本書では、安倍政権の「働き方改革」はむしろ効率の悪い人材の温存を謳《うた》っているだけで実効性がない、と批判してきた。しかし、そうした政府の取り組みとは別に、一人一人が自分なりに「働き方」を改革していくことは極めて重要だ。

とくに40歳を過ぎたら、今後の身の処し方も含め、自分の仕事のやり方を根本的に見直すべきである。たとえ定年が65歳や70歳に延びたとしても、40歳以降の20年以上も漫然と同じことをやっていたら、自分にも会社にもプラスにはならないからだ。

まず取り組むべきは自分の時間を有効活用するための仕事の〝ダイエット〟だ。

生身の肉体の場合、30代までは何をどれだけ食べても胃もたれはしないし、さほど体脂肪も増えないので、なるべくいろいろなものを食べて栄養を摂取すべきである。それが血となり、肉となるからだ。しかし、40歳を過ぎると、次第に代謝が悪くなり、どんどん脂肪や贅肉がつくようになる。

仕事もそれと同じで、40代以上は知らず知らずのうちに脂肪や贅肉（＝無駄な仕事）が増えているから、ダイエットが必要なのである。

手っ取り早いのは、会議や打ち合わせなどミーティングの削減だ。会議については、私が以前から何度も提案している方法だが、過去1年間のスケジュール帳を見て、その会議で意思決定や情報共有がなされたのか、それ以降の成果にどれほど影響を与えたのか、ということを克明に調べ、何も得るものがなかった会議には×をつけて出ないようにするのだ。そうすると、少なくとも会議の3分の1以上、人によってはすべて削減できるはずである。

会議に出なかったら上司に叱られると言うかもしれないが、その場合は自分が分析した結果、何も得るものがなかったという証拠を突き付けて反論すればよい。それに逆上して「お前はクビだ！」と宣告できるような勇気のある上司はいないと思う。むろん、その上司には嫌われるだろうが、非効率的で自分のためにも会社のためにもならない働き方をするより、人に嫌われても効率的で自分のためにも会社のためにもなる働き方をすべきである。

打ち合わせや会合や会食も、削る基準は会議と同様だ。その人との対話が自分の仕事や人生にとってプラスになっていなければ、会う回数を減らしたり、同じ人には会わないようにしたりする。そういう仕分けをすれば、打ち合わせなども大幅にカットできるはずである。それで空いた時間を新たな人脈づくりに使うべきなのだ。過去の人間関係に執着せず、新しい人脈を築き続けるためには大変な労力が必要だが、意識してそうしていかないと無駄な打ち合わせや会合や会食を削ることはできない。

無駄なミーティングを惰性で続けていると、頭が無駄なものに対して鈍感になってしまう。それは間違いなく脳の退化につながる。いわば〝脳の盲腸化〟だ。そうならないためにも自分なりの基準を作って無駄なミーティングを削っていく必要があるのだ。

〝脳の盲腸化〟を避ける方法

その一方で取り組むべきは「脳の筋トレ」、すなわち知的なチャレンジである。そのための一つの方法は、常に緊張して仕事をしなければならない環境、会社に貢献しなければならない環境に自分を追い込むことだ。

私自身、マッキンゼー時代の常務会では、事前に確たる意見を持っていなくても、必ずその場で論理的に考えをまとめて手を挙げ、それまでの議論に反対したり、新たな提案をしたりしていた。そうすると、他の常務から反発を受けるので緊張するし、自分の意見を通すにはどう説得すればいいか必死で考えざるを得なくなる。さらに、大前の言うことには一理あるな、あいつの意見は聞いておこう、と相手に強く印象づけることもできる。そういう「脳の筋トレ」を繰り返していないと、グローバルビジネスの厳しい競争の中で、世界の俊英たちと伍していくことなどできないのである。

一方、自分の成果や自分の部署の業績しか考えていない人は「ローカル・キング」と呼ばれ、グローバル企業では経営トップになれない。全社的な視野がないために脳が盲腸化し、ひいてはその社員や部署そのものが、会社の中で盲腸化するケースが多いからだ。

かつてGE（ゼネラル・エレクトリック）のジャック・ウェルチ元会長は、将来の幹部候補となりそうな優秀な社員に隣の課や別の部門の問題解決について意見を求めるという仕掛けを作った。これもまた「脳の筋トレ」にほかならない。

つまり〝余計なお世話〟を繰り返すことで脳が活性化し、経営についてより深く理解して問題解決策を導き出せるようになっていくのである。他の部署の問題を「自分には関係ない」というのではなく、自分の身に引き寄せて客観的に考え、的確な答えを出せる人材が将来の経営トップになっていく――。そういう仕掛けがなければ、世界的な優良企業の座は維持できないのだ。

この「相手の立場になって考える」というトレーニングは非常に重要だ。同僚と居酒屋で上司の悪口や仕事のグチを言っている暇があったら、「自分が上司の立場ならどうするか」ということを考えるべきである。

BBT大学・大学院でやっている「リアルタイム・オンライン・ケーススタディ（RTOCS）」は、それを実践している。たとえば、「もし自分が赤字続きの大塚家具の社長だったらどうするか？」「安倍首相の立場なら難題山積の外交問題をどのように解決するか？」といったテーマについて解決策を考えるのだ。

自分の「メンタルブロック」を外せ

ＢＢＴ大学・大学院で途中で挫折する人は、だいたいこういう言い訳をする。「財務や語学は苦手」「仕事が忙しい」「接客業だからＩＣＴは関係ない」——。新しいことにチャレンジする前に自分の行動を抑制してしまう「メンタルブロック」をかけているのである。

とくに中高年の多くは、その業界に長くいるために、同業他社しか見ていない。たとえば百貨店業界なら、三越伊勢丹の人は高島屋や大丸のことばかり気にしている。だが、実は百貨店は業界全体がゾゾタウン、バイマ、メルカリ、東京ガールズコレクション、アマゾン、ヤフー、楽天、アリババ、京東（ＪＤ）などのｅコマースに顧客を奪われている。いくら同業他社の動向を分析・研究しても自社の将来像は描けないのだ。だからＢＢＴ大学・大学院では、自分の会社の業界以外の業界のことやｅコマース、ＡＩ、ＩｏＴなどのＩＣＴを勉強させる。そうすると、今までとは全く違う指向性のアンテナが出てきて、２年目にはおのずと世の中に対して３６０度のアンテナを張れるようになるのだ。

たとえば、いま自動車業界で起きているＥＶ（電気自動車）と自動運転による革命の中では、トヨタ自動車の最大のライバルは日産自動車やＶＷやＧＭではなく、ウーバーやグーグルなど既存の自動車メーカーとは全く違う会社である。これまでの歴史を見ても「産業の突然死」は、よその業界から殴り込みをかけられて起きている。現に、いま日本の多くの業界はアマゾン1社、アップル1社に市場を奪われている。そういう現実に素早く対応できるよう、アンテナを全方位に張り巡らせるべきであり、そのためには何歳であっても勉強し直して新しいスキルを身につけなければならないのだ。

そもそも日本人は年齢についてもメンタルブロックがあり、中高年になると新しい仕事にチャレンジしない傾向が極めて強い。しかし、「もう○歳だから」は禁句にすべきだと思う。このメンタルブロックを外せば、第二、第三の仕事に挑戦できるはずだからである。

そうやって自分の中の〝壁〟を壊しながら、「脳の筋トレ」を繰り返していけば、どれほど困難な問題に相対しても、また何歳になろうとも、的確な解決策を導き出せるようになるのである。その結果、どこへ行っても通用する人材になり、定年後も周囲からお声がかかって自分のスキルを生かした仕事に就くなど、充実した人生を送ることができるはずだ。

安倍政権は「人生100年時代」などと言っているが、定年後の人生が〝生ける屍〟のようになっている人材を量産するだけなら、国家としてはジ・エンドだ。死ぬ時に「いい人生だった」と言えるようにするためには、自分なりの「働き方改革」を、40歳を過ぎたら積極果敢に実行していかねばならない。そういう人々がたくさん出てくるようにすることこそが、国にとっても個人にとっても意義のある「働き方改革」ではないだろうか。

21世紀は、たった一人でも「ブレークスルー」できるのだ――本書で繰り返し述べてきたこの認識を読者も共有し、ぜひ新たな挑戦をしていただきたい。

大前研一

【編集部より】本書は、週刊ポストの連載「ビジネス新大陸の歩き方」の２０１５年５月～17年12月までの掲載記事を抜粋してテーマごとに並べ替え、加筆・修正した上で再構成したものです。また、読みやすさを考慮して、敬称を一部略しています。

編集協力／中村嘉孝
校正／西村亮一
本文ＤＴＰ／ためのり企画
図表出典／ＢＢＴ大学総合研究所
写真（著者近影）／三島 正
装幀／河南祐介（ＦＡＮＴＡＧＲＡＰＨ）
編集／関 哲雄

大前研一（おおまえ・けんいち）
1943年福岡県生まれ。72年に経営コンサルティング会社マッキンゼー・アンド・カンパニー・インク入社。本社ディレクター、日本支社長、アジア太平洋地区会長を歴任し、94年退社。
以後、世界の大企業やアジア・太平洋における国家レベルのアドバイザーとして幅広く活躍。現在、ビジネス・ブレークスルー（BBT）代表取締役、BBT大学学長などを務め、日本の将来を担う人材の育成に力を注いでいる。
著書に『企業参謀』『新・資本論』『質問する力』などのロングセラーのほか、『この国を出よ』（柳井正氏との共著）『日本復興計画』『リーダーの条件」が変わった』『訣別』『原発再稼働「最後の条件」』『稼ぐ力』『低欲望社会』『大前語録』『日本の論点』シリーズなど多数。近著に、『武器としての経済学』『デジタル・ディスラプション時代の生き残り方』などがある。

個人が企業を強くする

―「エクセレント・パーソン」になるための働き方

２０１８年２月27日　初版第１刷発行

著　者　大前 研一
発行者　飯田 昌宏
発行所　株式会社 小学館
〒１０１‐８００１
東京都千代田区一ツ橋２‐３‐１
電話　編集 03‐３２３０‐５９５１
販売 03‐５２８１‐３５５５

印刷所　凸版印刷 株式会社
製本所　株式会社 若林製本工場

 ISBN978-4-09-380100-3